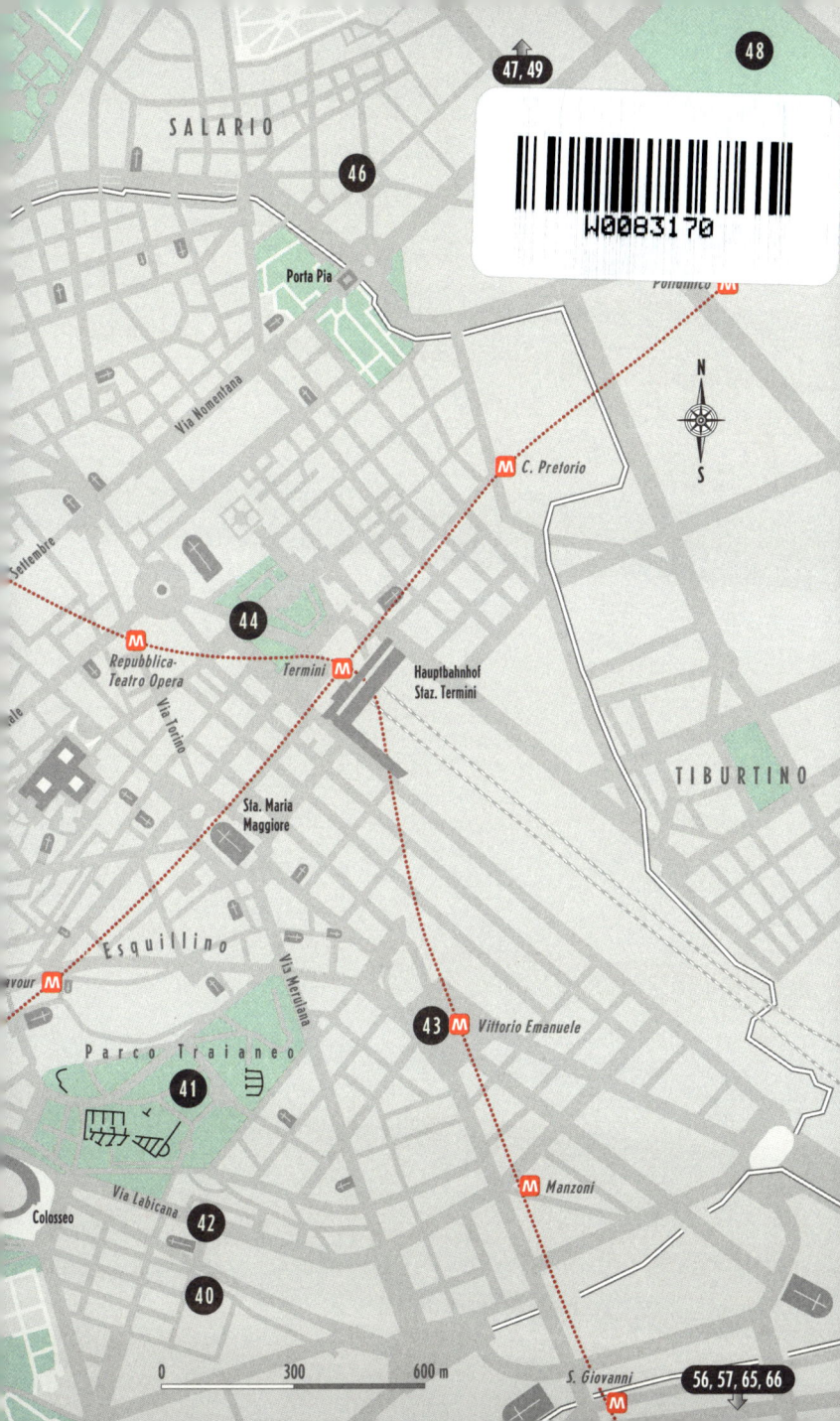

SALARIO

47, 49

48

46

Porta Pia

W0083170

Pontifico M

Via Nomentana

C. Pretorio M

N
O S

Settembre

Republica-
Teatro Opera M

44

Termini M

Hauptbahnhof
Staz. Termini

Via Torino

TIBURTINO

Sta. Maria
Maggiore

Esquillino

Via Merulana

avour M

43 M Vittorio Emanuele

Parco Traianeo

41

Manzoni M

Via Labicana

Colosseo

42

40

0   300   600 m

S. Giovanni M

56, 57, 65, 66

insel taschenbuch 4452
Stefan Ulrich
Rom – Lieblingsorte

LIEBLINGSORTE

Insel

ROM

STEFAN ULRICH

》》》《《《

2. Auflage 2016

Erste Auflage 2016
insel taschenbuch 4452
Originalausgabe
© Insel Verlag Berlin 2016
Alle Rechte vorbehalten, insbesondere das der Übersetzung,
des öffentlichen Vortrags sowie der Übertragung durch Rundfunk
und Fernsehen, auch einzelner Teile.
Kein Teil des Werkes darf in irgendeiner Form (durch Fotografie,
Mikrofilm oder andere Verfahren) ohne schriftliche Genehmigung
des Verlages reproduziert oder unter Verwendung elektronischer
Systeme verarbeitet, vervielfältigt oder verbreitet werden.
Für Inhalte von Webseiten Dritter, auf die in diesem Werk verwiesen
wird, ist stets der jeweilige Anbieter oder Betreiber verantwortlich,
wir übernehmen dafür keine Gewähr. Rechtswidrige Inhalte waren
zum Zeitpunkt der Verlinkung nicht erkennbar.
Vertrieb durch den Suhrkamp Taschenbuch Verlag
Umschlaggestaltung und Layout: Marion Blomeyer, München
Illustrationen: Ryo Takemasa, Tokio
Karten: Peter Palm, Berlin
Satz: Greiner & Reichel, Köln
Druck: CPI – Ebner & Spiegel, Ulm
Printed in Germany
ISBN 978-3-458-36152-7

INHALTSVERZEICHNIS

Reise nach Rom

Natürlich führen nicht *alle* Wege nach Rom. Aber es gibt viele gute Wege dorthin. Wer will, kann sich, wie über Jahrhunderte die Pilger, zu Fuß der Stadt nähern, auf der Via Francigena oder dem Franziskus-Weg. Andere kommen mit dem Fahrrad entlang gewundener, verwunschener Sträßchen der Toskana und Latiums, oder mit dem Auto auf der schnellen, durch schöne Landschaften verlaufenden Autostrada. Mit dem Zug geht es von Deutschland aus noch immer recht langsam gegen Süden, was den Vorteil hat, dass ein Gespür für die Entfernung entsteht und genug Zeit bleibt, das eine oder andere Buch über Rom zu lesen.

Am prosaischsten scheint die Reise nach Rom per Flugzeug zu sein. Dabei bietet auch sie besondere Erlebnisse: erst den Blick

TIPPS

DIE WEB-SEITE WWW.MUOVERSIAROMA.IT ENTHÄLT EINEN GUTEN ROUTENPLANER FÜR DIE ÖFFENTLICHEN VERKEHRSMITTEL IN DER STADT.

BEI DER PLANUNG VON AUSFLÜGEN MIT DEM BUS IN DIE GEGEND UM ROM HILFT DER ROUTENPLANER AUF DER INTERNETSEITE DER BUSGESELLSCHAFT COTRAL: WWW.COTRALSPA.IT/ CALCOLAPERCORSO.ASPX

auf die weiß gleißenden Gipfel der Hochalpen, dann die dunstverhangene Poebene, die Hügel und Berge des Apennin und schließlich, schon im Sinkflug, die Küste der Maremma mit ihren Inseln sowie geheimnisvolle Kraterseen erloschener Vulkane inmitten stiller Landschaften.

Plötzlich taucht die »Urbs« auf, die »Stadt« schlechthin, wie sie die alten Römer nannten. Das blaugrüne Band des Tibers und die dunkelgrünen Parks unterteilen die Flächen gelbrötlicher Palazzi, die sich bis zu den Abruzzen und Albanerbergen erstrecken. Dann scheint, wie eine steinerne Krone, die marmorweiße Kuppel des Petersdoms auf.

Rom ist der Nabel der Welt, so sehen es jedenfalls viele Römer. Heimat der Cäsaren, Bühne der Päpste, Metropole Italiens, mal quirlig, mal beschaulich, stolz und romantisch, nobel und derb, tausend Mal tot gesagt und doch immer aufs Neue aus den eigenen Ruinen auferstehend.

Für viele Deutsche ist Rom, mehr als 200 Jahre nach Goethes italienischer Reise, noch immer ein Sehnsuchtsziel. Etliche Besucher empfinden Rom als schönste Stadt der Welt – vor Paris, London oder New York. Sie werfen eine Münze in den Trevi-Brunnen, um ganz bestimmt zurückzukommen.

Wer länger in Rom bleibt, gar Jahre dort lebt, wird es in seiner Grandezza und seiner Schäbigkeit entweder lieben oder hassen lernen. Das römische Alltagsleben mit Schule, Beruf, Verpflichtungen fühlt sich ganz anders an als eine Urlaubsreise. Manche wollen nicht wieder von hier weg, andere geben entnervt auf. Eines aber ist gewiss: Kalt lässt Rom keinen. Und wer sich einmal in die Stadt am Tiber verliebt hat, kommt nie mehr von ihr los.

Rund um die
Piazza Navona

Die sprechende Statue

PIAZZA PANTALEO

Rom ist voller steinerner Skulpturen. Als stille Zeugen der Geschichte stehen sie im Großstadt-Getümmel. Doch was heißt hier still: Anfang des 16. Jahrhunderts begannen einige Statuen zu sprechen. Die Römer hängten ihnen nachts Schilder um den Hals oder klebten Zettel an die Sockel, auf denen sie ihren Ärger und ihren Spott über »die da oben« kundtaten. Sie lästerten, gern in Versen, über die Verschwendungssucht der Päpste oder verulkten die Arroganz von Adeligen.

»Statue parlanti«, sprechende Statuen, wurden diese Skulpturen genannt. Das Volk gab ihnen phantasievolle Namen wie »Abate Luigi« oder »Madama Lucre-

TIPP

EINE WEITERE FRÜHER SPRECHENDE
STATUE IST DER BABUINO IN DER
VIA DEL BABUINO.

zia«. Mancher Pontifex war über diese Lästermäuler so erbost, dass er sie in den Tiber werfen wollte. Doch dazu kam es nie.

Heute sprechen diese Statuen nicht mehr. Bis auf eine – Pasquino genannt. Er steht vor einem Palazzo an der Piazza Pantaleo. Pasquino ist ein Torso, ihm fehlen Arme und Beine. Doch sein bärtiges Gesicht ist gut erhalten. Die Skulptur aus dem 3. Jahrhundert vor Christus soll einen griechischen Krieger darstellen oder Menelaos, den König von Sparta. Der Torso wurde in der Renaissance gefunden und aufgestellt. Bald wurde er zur ersten sprechenden Statue. Die Römer nannten sie Pasquino, nach einem Handwerker, Wirt oder Barbier, der ein loses Mundwerk hatte. Der steinerne Pasquino wurde mit Sprüchen wie »Quod non fecerunt barbari fecerunt Barberini« berühmt – »Was die Barbaren nicht getan haben, haben die Barberini getan.« Der Spott galt Papst Urban VIII. aus der Barberini-Familie, der Bronzeteile des Pantheons einschmelzen ließ, um daraus Kanonen zu gießen. Auch der Borgia-Papst Alexander VI. wurde zum Ziel Pasquinos. Über ihn hieß es: »Hier ruht Alexander VI. Und mit ihm liegt begraben, was er verehrte: Luxus, Zwietracht, Betrug, Gewalt, Verbrechen.«

Nach einer gewissen Pause begann Pasquino wieder zu reden, als Adolf Hitler 1938 nach Rom fuhr. Danach ging es mit mokanten Sprüchen weiter. Vor einigen Jahren wurde die Statue restauriert. Seither wünscht die Stadtverwaltung, dass Pasquino nicht mehr beklebt wird. Vergeblich. Am Sockel sind heute wieder Verse zu finden, die sich etwa über den Korruptionsskandal Mafia Capitale lustig machen. Als Pasquinade oder Pasquill wird noch heute allgemein eine Spottschrift bezeichnet. Vielleicht versuchen Sie sich in Rom ja mal an einer. Aber lassen Sie sich nicht erwischen.

Auf der schönsten Piazza der Welt

Italien besitzt etliche Orte, die sich um den Titel der schönsten Piazza der Welt bewerben könnten: die Piazza San Marco in Venedig, die Piazza del Campo in Siena oder die Piazza San Pietro in Rom. Unter all diesen Schönheiten aber sticht eine als prima inter pares heraus: die Piazza Navona. Vormittags oder gegen Abend, wenn das schräg einfallende Sonnenlicht die feuerfarbenen Palazzi aufflammen lässt und die barocke Fassade der Kirche Sant'Agnese ins Schwingen versetzt, zeigt sich der Platz in fast überirdischer Schönheit. Der Spaziergänger, der aus den Gassen der Altstadt heraustritt in diesen lichten Raum mit seinen plätschernden Brunnen, wird

PIAZZA NAVONA

TIPP

DAS BERÜHMTE TARTUFO-EIS
DES CAFFÈ TRE SCALINI GIBT ES
AUCH ZUM MITNEHMEN
WWW.TRESCALINI.IT

bezaubert sein, egal, wie oft er schon hier war.

Ein Problem aber gibt es, das den Zauber zerreißt und die Brunnen übertönt: der Rummel, der hier herrscht. Der Platz wimmelt von Menschen, die in babylonischer Sprachenvielfalt durcheinanderrufen. Wimpelbewehrte Reiseführer bugsieren ihre Gruppen durchs Getümmel, Schulklassen umlagern den Vierströmebrunnen, um Arme und Füße im Wasser zu kühlen. Überall haben Künstler oder Menschen, die sich als solche ausgeben, ihre Staffeleien aufgestellt. Sie verkaufen Gemälde mit Ansichten aus Rom und ganz Italien, gern in psychedelischen Farben. Dann sind da noch Porträtisten und Karikatu-

risten, fliegende Händler, Bettler, Taschendiebe, Musiker, Jongleure und lebende Statuen.

Das gilt für gewöhnliche Zeiten. Im Dezember und Anfang Januar kommt der Weihnachtsmarkt hinzu, der hier »Mercatino di Natale della Befana« heißt. Die Hexe Befana fliegt in der Nacht zum 6. Januar auf dem Besen herum und tut, was in Deutschland an Heiligabend das Christkind macht: Sie bringt Geschenke. An den Ständen werden Hexenpuppen feilgeboten, Krippenfiguren aus Neapel, blinkende Christbaumkugeln, Luftballons und Kriegsspielzeug. Ein Karussell dreht sich, ein Puppentheater wirbt um Aufmerksamkeit, die Kinder zupfen von ihrer Zuckerwatte ab, während sich ihre Eltern einen Glühwein holen, der hier, wie in Frankreich, »vin brulé« heißt.

Dem kunstsinnigen Reisenden mag das alles zu bunt werden. Doch dieser Platz war schon immer ein Ort des Spektakels. Kaiser Domitian ließ hier im Jahr 86 nach Christus ein Stadion bauen, das gut 30 000 Zuschauer fasste. Auf den Fundamenten der Zuschauerränge wurden später Palazzi gebaut. Daher hat die einem langgestreckten Oval ähnelnde Piazza Navona noch immer die Form des antiken Stadions. Im 18. und 19. Jahrhundert fluteten die Römer gern den Platz, um ihn für Seefeste, Wasserspiele und als Freibad zu nutzen. Wie das aussah, zeigen Gemälde und Stiche, zum Beispiel von Giovanni Paolo Pannini und Giuseppe Vasi.

Der Platz sorgte und sorgt also immer für Unterhaltung. Schwierig wird es nur, wenn man ihn für sich haben möchte. Doch unmöglich ist es nicht. Es gilt, früh, sehr früh, aufzustehen und gleich loszulaufen. Da liegt sie, die pittoreske Piazza, menschenleer im klaren Licht. Na gut, ein paar Damen mit ihren Hunden und ein Radler sind schon unterwegs. Doch die stören nicht.

In aller Ruhe lassen sich die beiden erstaunlichsten Kunstwerke der Piazza bewundern: die Kirche Sant'Agnese des Architekten Francesco Borromini und der Vierströmebrunnen seines Kollegen Gian Lorenzo Bernini. Die beiden fast gleich alten Barock-Genies wetteiferten im Rom des 17. Jahrhunderts darum, wer der größere Künstler sei. Die Konkurrenz artete in Feindschaft aus. Der Stadt kam das zugute, denn beide gaben ihr Bestes.

Die Römer erzählen gern, das Duell sei auf der Piazza Navona sozusagen in Stein gemeißelt. Tatsächlich reckt einer von Berninis Flussgöttern am Brunnen, der Rio de la Plata, die linke Hand abwehrend gegen die Kirche, als werde diese gleich einstürzen. Borromini soll deswegen die Statue der Heiligen Agnes auf die Balustrade seiner Kirchenfassade gestellt haben. Sie hält sich die rechte Hand vor die Brust, als wolle sie beteuern: Diese Kirche bleibt stehen.

3

BUSSE 30, 46 U. A. BIS PLEBISCITO ODER 30, 46 U. A. BIS ARGENTINA

Wo die Sünde süß ist

VIA DEL PIE' DI MARMO 21/22

MO – SA 9–19.30 UHR

Es waren einmal zwei Cousins, Agostino Moriondo und Francesco Gariglio. Die gründeten 1850 in Turin eine Schokoladen-Manufaktur. Da sie sehr tüchtig waren, durften sie den König aus dem Haus Savoyen beliefern, der in Turin residierte. Durch die Einigung Italiens im Jahr 1861 wurden die Savoyer Könige des ganzen Landes und zogen nach Rom. Ihre Chocolatiers folgten ihnen nach. Und obwohl sie längst gestorben sind, lebt ihr Werk weiter, in einem Sträßchen unweit des Pantheons.

In der Schokoladenhandlung Moriondo e Gariglio in der Via del Pie' di Marmo nehmen die Sinne als Erstes den feinen Kakaogeruch wahr. Dann schweift der

Blick über Glasvitrinen, in denen im gedämpften Licht Kostbarkeiten locken, als seien es Juwelen. Es sind Pralinen in allen Varianten, Torrone-Barren, Nougat-Stücke, Bonbons und glasierte Maronen, Stück für Stück handgemacht, nach alten Rezepten des Hauses. Schnell sind die anderen Verlockungen Roms vergessen. Jetzt heißt es probieren. »Es wird alles hier zubereitet«, sagt Attilo Proietti, der Chef des Hauses. »Wir verwenden nur natürliche Zutaten wie Kakao, Früchte und Zucker. Keine Glucose. Keine Farbstoffe.« Schon der Volksdichter Trilussa – dem in Trastevere ein Platz und ein Denkmal gewidmet sind – habe hier eingekauft und der Schokoladenhandlung Gedichte gewidmet. Und Giorgio Napolitano habe, als er italienischer Präsident war, hier im Laden Pralinen für seine Frau Clio ausgewählt.

Sie sind auf Diät? Ausgerechnet in Rom? Hier brauchen Sie sich keine Sorgen zu machen. Denn im Moriondo e Gariglio wird gern auf einen italienischen Ernährungswissenschaftler verwiesen, der fordert, bei einer strengen Diät täglich 30 Gramm Zartbitter-Schokolade zu essen. Wobei hinzuzufügen wäre: mindestens.

Das Wunder von Sant'Ignazio

VIA DEL CARAVITA 8A

WWW.SANTIGNAZIO.GESUITI.IT

MO – SA 7.30-19 UHR, SO 9-19 UHR

TIPP

DIE NAHE PIAZZA DI PIETRA MIT IHREN
BARS UND RESTAURANTS SAMT BLICK
AUF DIE TEMPELRESTE DES HADRIANEUMS
EIGNET SICH GUT FÜR EINE PAUSE.

Keine andere Stadt der Welt rühmt sich so vieler Kirchen wie Rom. Mehr als tausend sollen es sein, wenigstens 300 von ihnen sind absolut sehenswert. Der Besucher könnte sich monatelang mit ihnen beschäftigen. Wer wenig Zeit hat – oder diese nicht nur mit Kirchen verbringen will –, dem stellt sich das Problem: Was besichtigen? Und was weglassen?

Die Antwort ist natürlich eine Frage der Perspektive. Wer dem Papst nahekommen will, eilt nach Sankt Peter. Wer die Gotik liebt, schaut sich Santa Maria sopra Minerva an. Auch wer moderne Kunst bevorzugt, wird in der Ewigen Stadt fündig, zum Beispiel im Viertel Tor Tre Teste,

wo der 2003 eingeweihte Sakral-
bau Dio Padre Misericordioso
des amerikanischen Architekten
Richard Meier steht.

Auch für Menschen, die sich
gern ein bisschen reinlegen lassen, hält Rom eine Überraschung
bereit: Sant'Ignazio. Schon die
gleichnamige Rokoko-Piazza mit
den konkaven Fassaden der Palazzi, die wie eine Theaterkulis-
se wirken, verblüfft. Das künst-
lerische Hauptstück aber wird
drinnen in der einschiffigen Barockkirche aufgeführt. Sie entstand zu Ehren von Ignatius von
Loyola, des Gründers des Jesui-
tenordens, im 17. Jahrhundert.
Es war die Zeit der Gegenreformation. Die katholische Kirche
versuchte auch mit den Mitteln

der Kunst, die Menschen so zu
beeindrucken, dass sie zu ihr zu-
rückkehren sollten. Daher wurde das Kircheninnere Sankt Ig-
nazios derart sinnenfreudig aus-
gestattet, dass einem schwindelig
wird.

Wer sich auf eine Marmor-
scheibe im Langhaus stellt und
nach oben blickt, glaubt, in den
Himmel zu sehen. Architektur,
Skulptur und Malerei gehen so
geschickt ineinander über, dass
die Illusion eines nach oben offenen Raums entsteht, durch
den Wolken ziehen und Engel
flattern. Sobald man jedoch die
Marmorplatte verlässt, beginnen
sich die Proportionen zu verzer-
ren. Der »Betrug« wird sichtbar.
Verantwortlich dafür ist der Je-

suit und Maler Andrea Pozzo, der bis 1685 in Sant'Ignazio gearbeitet hat. In seinem zweibändigen Werk *Perspectiva pictorum et architectorum* hat er die Kunst der architektonischen Perspektivmalerei dargelegt.

Wer noch ein bisschen weiter vor zur Vierung geht und wieder nach oben schaut, blickt in eine gewaltige Barockkuppel, ein weiteres Wunderwerk Pozzos. Noch ein paar Schritte, und es wird klar: Auch die Kuppel ist nur gemalt.

Der Grund: Beim Bau der Kirche wurde den Jesuiten das Geld knapp. Außerdem erhob ein anderer Orden in Rom Einspruch gegen die Errichtung einer Kuppel, weil sie ihm Licht nehmen würde. Daher mussten die Jesuiten über der Vierung eine flache Decke einziehen. Pozzo löste das Problem mit seiner Trompe-l'œil-Malerei. So lehrt er den Betrachter, dass alles eine Frage der Perspektive ist.

5

Madonna mia

»Wenn ich etwas verliere, rufe ich die Madonna an. Und dann finde ich es«, erläutert Sara, eine Zimmerwirtin im Stadtteil Prati, als handele es sich um ein Naturgesetz. Und die Madonna findet sich in Rom keineswegs nur in den Kirchen, sondern auch an allen Straßen und Plätzen – na gut, an fast allen.

»Madonnelle« oder »Madonnine« nennen die Römer die Bildnisse Marias an den Häusern ihrer Stadt. Manchmal sind es ganz bescheidene Figürchen in dunklen Gassen, mit Plastikblumen und elektrischem Rotlicht geschmückt. Dann wieder präsentieren sie sich als prächtige, von Stuckengeln eingerahmte Fresken oder Reliefbilder an den Fas-

PIAZZA DELLA ROTONDA

TIPPS

DER PLATZ VOR DEM PANTHEON IST ABENDS BESONDERS STIMMUNGSVOLL.

GEPFLEGT RÖMISCH IST DIE KÜCHE IM RISTORANTE ARMANDO AL PANTHEON UM DIE ECKE. SALITA DEI CRESCENZI 31 WWW.ARMANDOALPANTHEON.IT MO - FR 12.30-15 UND 19-23 UHR; SA 12-15 UHR

saden der Palazzi, oft von einem Baldachin geschützt. Allen gemeinsam ist, dass Touristen sie kaum wahrnehmen, weil es so viel anderes in Rom zu sehen gibt. Und die Römer? Ihnen sind diese himmlischen Hoffnungsbilder so vertraut wie altehrwürdige Möbelstücke in der Stube. Auch wenn sie die Mutter Gottes nur unterbewusst wahrnehmen, so wirkt sie doch beruhigend und stärkend auf ihren Alltag ein.

Wie viele Madonnine gibt es wohl in Rom? Einst sollen es mehr als 1500 gewesen sein. Heute sind es immer noch mehr als 500. Die meisten von ihnen beschützen das historische Zentrum, und wer seine Kinder zu Touren durch die Altstadt animieren möchte, mag das Spiel vorschlagen, wer mehr Madonnen-Bildnisse findet. Vielleicht erhöht es den Reiz, zu erzählen, dass schon die vorchristlichen Römer kleine Außenaltäre für ihre Götter bauten, um die Passanten zu schützen.

Viele Römer haben ihre Lieblings-Madonna und erzählen gern die Legenden, die sich um sie ranken, wobei es oft um Wunder geht. Besonders ergiebig war der Sommer 1796. Damals sollen mehr als 30 Madonnine die Augen zum Himmel gerichtet und Tränen vergossen haben. Kurz darauf besetzten die Truppen Napoleons Rom. Papst Pius VI. wurde nach Frankreich verschleppt, wo er 1799 starb.

Eine besonders anmutige Madonnella zeigt sich auf der Piazza Rotonda. Doch es nutzt ihr nichts, weil alle Welt nur auf das Pantheon schaut. Dabei ist das überlebensgroße Marienbildnis an der Fassade eines Palazzo zur Rechten des antiken Tempels alle Aufmerksamkeit wert. Von Stuck umrankt, in ein rotes Kleid und einen blauen Umhang gehüllt, schaut Maria aus einem sonnendurchleuchteten Wolkenhimmel auf die Menschen zu ihren Füßen herab. Sie hält den Kopf zur Seite geneigt und die Augen gesenkt, wie ein schamhaftes Bauernmädchen auf dem Weg zur Kirche. Was sie wohl denkt? Womöglich möchte sie all den Touristen raten: Lasst Euch ein bisschen mehr Zeit.

Wo die Zeit nicht verstreicht

Besucher spüren es schon am ersten Tag: Rom strengt an. Die Luft ist schwer, warm und schwül, das Kopfsteinpflaster hart. Die Vespas, die einen noch in engsten Gassen umbrausen, zerren an den Nerven. Da tut es gut, die eine oder andere Oase in der Großstadt zu kennen, wo die Zeit still steht und die moderne Welt ausgeschlossen bleibt.

Vom Corso Vittorio Emanuele II, einer Hauptverkehrsader der Altstadt, sind es nur einige hundert Meter bis zu einem solchen Refugium. Man biegt, vom Tiber kommend, rechts zum Palazzo della Cancelleria an der gleichnamigen Piazza ab und geht gleich wieder rechts in die Via del Pellegrino. Nach wenigen Schritten

VIA DEL PELLEGRINO 19

stößt man zur Linken auf einen Durchgang ohne Beschilderung, der eine Zeitmaschine zu enthalten scheint. Denn dahinter öffnet sich eine kleine Piazza, an der sich seit Jahrhunderten kaum etwas verändert hat. Ochsenblutrote, ineinander verschachtelte Häuschen mit Außentreppen werden von Blauregen und Weinreben überrankt. Aus Kübeln wachsen Orangenbäume, Palmen und Feigenkakteen. Eine rostbraune Katze sonnt sich auf einer hölzernen Trage.

Nein, übermäßig ordentlich ist es hier nicht. Und mit den großen Sehenswürdigkeiten Roms will dieser Ort natürlich nicht mithalten. Doch gerade so, wie er ist, hat er seinen Reiz. Man meint, in irgendeinem abgelegenen, seit dem Mittelalter kaum veränderten Weiler im tiefen Hinterland Latiums zu sein. Wie hier sah es früher in vielen Teilen Roms aus, bevor es 1871 zur italienischen Hauptstadt wurde. Danach wurde im großen Stil abgerissen und neu gebaut. Nur einige Inseln wie der Arco degli Acetari – der Name soll von einer Quelle herrühren, deren Wasser auf dem Markt des nahen Campo de' Fiori verkauft wurde – zeugen noch von der bäuerlichen Vergangenheit.

Heute mir, morgen dir

Rom feiert täglich das Leben, ohne den Tod zu verleugnen. In den Kirchen finden sich Grabplatten und Reliquien. Die Kapuzinergruft lehrt Schulklassen das Gruseln. Sogar ein Museum des Fegefeuers gibt es in der Stadt, in der der Apostel Petrus begraben liegt. Im Untergrund verlaufen die Gänge der Katakomben. Der Friedhof Campo Verano ist eine Stadt der Gräber. Und so ist es durchaus passend, dass der vielleicht sprachgewaltigste Autor der deutschen Nachkriegsliteratur, Wolfgang Koeppen, einen seiner Romane *Tod in Rom* nannte.

Wer dem Tod die Stirn bieten möchte, kann das in der urrömischen Via Giulia tun, benannt nach Papst Julius II. In der Nähe

LUNGOTEVERE DEI TEBALDI 12
UND VIA GIULIA 262
KIRCHE VORÜBERGEHEND WEGEN
RENOVIERUNG GESCHLOSSEN
KRYPTA MO - SO 16-18 UHR

HODIE·MIHI· CRAS·TIBI·

ELEMOSINA
PER LA LAMPADA PERPETUA DEL
CEMETERIO

eines Bogens über die Straße steht eine schmucke Barockkirche, wie es viele in der Altstadt gibt. Man will gerade daran vorbeigehen, unterwegs zu größeren Sehenswürdigkeiten, da fällt der Blick auf eine Steinplatte, die links vom Portal in die Kirchenfassade eingelassen ist. Darauf eingraviert ist ein geflügeltes Skelett, das auf eine lateinische Inschrift deutet: »Hodie mihi, cras tibi.« (»Heute mir, morgen dir.«) Aufgeschreckt von diesem Memento mori geht der Blick nach oben und entdeckt drei Totenschädel, die die Fassade schmücken. Über dem Portal ist eine Sanduhr zu sehen, ein Symbol des Todes.

Chiesa di Santa Maria dell'Orazione e Morte heißt diese Kirche. Sie wird noch heute von einer Erzbruderschaft verwaltet, die sich jahrhundertelang darum kümmerte, die Leichen sehr armer oder nicht identifizierbarer Menschen zu bestatten. 1538 taten sich einige fromme Christen zusammen, die es nicht länger mit ansehen wollten, dass etliche Tote ohne christliches Begräbnis blieben und manchmal sogar von wilden Tieren gefressen wurden. Also begannen sie, die Leichen einzusammeln und in den Friedhöfen Roms oder auf einem eigenen Grund am Tiber beizusetzen. Ende des 16. Jahrhunderts erbauten sie hier, in der Via Giulia, ihre Kir-

che. Im Laufe der Zeit bestatteten sie mehr als 8000 Leichen, zum Teil in unterirdischen Gewölben. Als Ende des 19. Jahrhunderts die Tiberufer befestigt wurden, musste ein Großteil dieses Friedhofs der Armen und Namenlosen weichen. Ein kleiner Teil aber blieb erhalten – in der Krypta.

Dort Einblick zu bekommen ist nicht leicht. Die Kirche ist wegen Renovierung geschlossen, das Portal in der Via Giulia versperrt. Auf der Rückseite, am Lungotevere dei Tebaldi 12 findet sich jedoch eine unscheinbare Tür, durch die man täglich ab 16 Uhr Einlass in die Krypta bekommen sollte. Es kann jedoch passieren, dass die Schwestern keine Lust auf eine Führung haben und mitteilen, man solle es morgen nochmals versuchen.

Wer Glück hat, findet sich kurz darauf in einem unterirdischen Beinhaus wieder. Alles ist dem Tod gewidmet. Die Kandelaber setzen sich aus Wirbeln zusammen, das Kruzifix über einem Altar aus Totenköpfen. Der Sensenmann besteht aus Knochen, in einem Regal reihen sich Schädel. Manche tragen Gravuren auf der Stirn, die Namen oder Fundort der Leiche bezeichnen.

Froh, ins Leben zurückzukehren, steigt man nach oben. Es ist Zeit für einen Drink auf dem nahen Campo de' Fiori.

8

BUSSE H, 8, 63 BIS ARENULA/CAIROLI

Dar Filettaro
a Santa Barbara

Als ich, damals Student, 1986 meinen ersten Sprachkurs in Rom machte, gab mir der Lehrer einen Zettel mit ein paar preiswerten Trattorien. Eine davon probierte ich gleich aus: Dar Filettaro a Santa Barbara. Das kleine, schlauchartige Lokal mit den abgestoßenen Holzstühlen, Papiertischdecken, Rom-Bildern an den Wänden und Neonröhren an der Decke liegt an einem winzigen Platz im Centro Storico, neben einer der heiligen Barbara geweihten Barockkirche. Ich ging hinein, bestellte für ein paar tausend Lire – damals einige Mark – Filetti di Baccalà, Brot und einen halben Liter offenen Weißwein aus den Castelli Romani. Und ich verliebte mich so-

LARGO DEI LIBRARI 88
MO - SA 17.30-23 UHR

TIPP

DIE HERVORRAGEND SORTIERTE BUCHHANDLUNG LA FELTRINELLI FÜHRT AUCH VIEL LITERATUR ÜBER ROM.
LARGO DI TORRE ARGENTINA 5/A
MO - FR 9-21 UHR; SA 9-22 UHR;
SO 10-21 UHR

fort in dieses Lokal, das seit den Zeiten des Ersten Weltkriegs eine urrömische Spezialität serviert: Stockfisch, der, gut gewässert, in eine Panade getunkt und in kochendem Öl frittiert wird.

Seither hat sich kaum etwas verändert bei den Filettari – außer, dass beim letzten Besuch Plastikdecken die Papierdecken abgelöst hatten. Der Duft der außen knusprig-goldbraunen, innen saftig-weißen Kabeljaufilets schlägt einem an der Tür entgegen. Marcello Cortesi, der das Lokal vor vier Jahrzehnten übernommen hat, betont, sein Fisch komme aus sauberen Gewässern Norwegens. In der Küche, in die der Gast hineinschauen darf, lassen Köchinnen den Kabeljau in

riesigen Pfannen brutzeln. Dazu gibt es nur ein paar andere Gerichte, frittierte Zucchini zum Beispiel, oder, im Winterhalbjahr, Puntarelle, einen Chicorée-Salat, den die Römer mit einer Sardellensauce würzen.

Dar Filettari liegt im touristischen Viertel um den Campo de' Fiori mit seinen trendigen Cocktail-Bars und Lokalen. Dennoch kommen viele Römer gern ins Filettari, wegen des Ambientes, vor allem aber wegen der Fischfilets. Geduldig stehen sie Schlange, um einen Platz an einem Tischchen im Gastraum oder, im Sommer, draußen auf dem Largo dei Librari zu ergattern. Manche gehen einfach hindurch zur Küche und ordern »un filetto da portar via«, ein Fischfilet zum Mitnehmen. Dann drücken ihnen die Köchinnen einen in Papier gewickelten Baccalà in die Hand, den sie auf dem Weg nach Hause verspeisen.

Sogar ein Papst, Pius XII., der von 1939 bis 1958 die Kirche leitete, soll die Filetti aus diesem Lokal geliebt haben. Er schickte öfter einen Diener los, um einige der panierten Fischstücke zu kaufen. Ob das stimmt? Die Römer sagen: »Se non è vero, è ben trovato« – »Wenn es nicht wahr ist, ist es gut erfunden«.

Am Kapitol

9

Caffè und Cappuccino

VIA ARENULA 50
MO - SA 6.30-19.30 UHR

TIPPS

WEITERE VORZÜGLICHE KAFFEEBARS:

LA CASA DEL CAFFÈ TAZZA D'ORO
VIA DEGLI ORFANI 84
MO - SA 7-20 UHR; SO 10.30-19.15 UHR

SANT'EUSTACHIO IL CAFFÈ
PIAZZA DI SANT'EUSTACHIO 82
MO - FR, SO 8-1 UHR; SA 8-2 UHR

SCIASCIA CAFFÈ
VIA FABIO MASSIMO 80/A
MO - SA 7-20 UHR

Die Diskussionen darüber, wo es in Rom den besten caffè (Espresso) oder Cappuccino gibt, könnten Bibliotheken füllen. Das liegt zum einen daran, dass es in der Stadt wirklich viele gute Kaffeebars (hier schlicht »Bar« genannt) gibt; und zum anderen daran, dass die Römer gern disputieren, wenn es um diese beiden Heißgetränke geht.

Tatsächlich gibt es ja auch so viele Kaffee-Varianten: den caffè lungo (mit mehr Wasser), den caffè corretto (mit einem Schuss Grappa), den ristretto (mit ganz wenig Wasser) oder den macchiato (mit etwas Milchschaum). Und natürlich kann man bei der Zubereitung endlos viel falsch machen, was der Römer dann herz-

ergreifend bedauert. Mal ist der caffè zu wenig aromatisch, mal zu kalt, dann wieder zu heiß; die Milch auf dem Cappuccino ist zu schaumig oder zu dicht; und manchmal vergisst die Bedienung das Glas Wasser, das zu einem caffè gehört.

Um solchen Katastrophen, die einem den Tag ruinieren können, zu entgehen, sucht sich der Römer einen »barista della sua fiducia«, einen Barmann seines Vertrauens. Dem bleibt er in der Regel treu. Schließlich ist ein guter caffè eine Überlebensfrage – und womöglich noch mehr. Dem Schauspieler Eduardo De Filippo wird der Satz zugeschrieben: »Wenn ich sterbe, bringt mir einen caffè, und ihr werdet se-

hen, dass ich wiederauferstehe.« Gewiss, De Filippo war Neapolitaner. Aber in diesem Fall dürften ihm sogar die Römer glauben.

Was aber soll der Tourist tun, der nur ab und an oder zum ersten Mal nach Rom kommt? Es gibt einige vielfach ausgezeichnete Bars, die zu besuchen kein Fehler ist: Da wären die beiden Kaffee-Tempel La Casa Del Caffè Tazza D'oro und Sant'Eustachio Il Caffè, die nahe des Pantheons liegen; oder das traditionsreiche Sciascia Caffè im Stadtteil Prati nahe beim Vatikan. Doch es geht auch eine Nummer bescheidener: in der Bar del Cappuccino kurz vor der Tiberbrücke Ponte Garibaldi nach Trastevere.

Es ist noch früher Morgen, doch in der kleinen Bar unter einem schönen, von einer Jugendstillampe erleuchteten Gewölbe ist bereits einiges los. Ein Mann im Anzug eilt herein, bestellt einen ristretto, kippt ihn herunter und geht. Andere bleiben mit ihrem caffè am Tresen stehen, knabbern an einem duftenden Cornetto und diskutieren die Weltlage. Wieder andere werfen einen Blick in die Zeitung, während sie am Cappuccino schlürfen. Der Barista scheint, wie die indische Göttin Durga, zahlreiche Arme zu haben, mit denen er die Kaffeemaschine bedient, Tassen bereitstellt, Wassergläser auffüllt, Geschirr abräumt, Gebäck auftischt und mit großen Gesten ins Gespräch seiner Gäste eingreift. Eine ganz normale römische Bar also? Ja, doch die Qualität des caffè und insbesondere des Cappuccino ist herausragend. Auch ein kritischer Römer wird kaum etwas an Temperatur, Aroma oder Konsistenz des Milchschaums auszusetzen haben. Dabei kostet ein Cappuccino am Tresen gerade mal 1 Euro, in der Standardversion. Dekoriert mit einer Blume oder einem Herzen im kakaoüberzuckerten Schaum kommt es ein wenig teurer. Doch dieses Extra interessiert die Römer eher weniger. Auf die Frage, warum die Bar del Cappuccino so populär ist, antwortet die Signora an der Kasse nach kurzem Nachdenken: »Es dürfte am Cappuccino liegen.«

Im Himmel über Rom

VITTORIANO – PANORAMAAUFZÜGE
EINGÄNGE ZUM VITTORIANO AN DER
PIAZZA VENEZIA, PIAZZA DEL
CAMPIDOGLIO, PIAZZA D'ARACOELI,
VIA DI SAN PIETRO IN CARCERE;
DIE PANORAMAAUFZÜGE STARTEN VON
DER TERRASSE MIT DEN KOLONNADEN AUS.
MO – DO 9.30–18.30 UHR;
FR – SO 9.30–19.30 UHR; 24. UND
31. DEZ. 9.30–15.30 UHR
EINTRITT: 7 EURO; JUGENDLICHE,
SENIOREN: 3,50 EURO

TIPP

IM VITTORIANO BEFINDET SICH
DAS MUSEO CENTRALE DEL RISORGIMENTO
ZUR GESCHICHTE ITALIENS VON
DER NAPOLEONISCHEN ZEIT BIS
ZUM ERSTEN WELTKRIEG.
EINGANG: VIA DI SAN PIETRO IN CARCERE
WWW.RISORGIMENTO.IT
MO – SO 9.30–18.30 UHR
EINTRITT: 5 EURO;
JUGENDLICHE BIS 18 JAHRE: KOSTENLOS;
JUGENDLICHE BIS 25 JAHRE: 2,50 EURO

Über Geschmack lässt sich streiten, über dieses Monstrum eher nicht: Wie eine gigantomanische Zuckerbäcker-Torte platzt das grellweiße Nationaldenkmal auf dem Kapitolshügel aus dem rötlichen Häusermeer der römischen Altstadt heraus. Hier sollte jemand schwer Eindruck hinterlassen, und dieser jemand

war Viktor Emanuel II., der trotz seiner Nummer der *erste* Monarch des neuen Königreichs Italien war.

Nach seinem Tod wurde der Bau des kurz Vittoriano – oder, wegen seiner Anmutung, auch Schreibmaschine – genannten Denkmals beschlossen. Damit sollte der Vater des Vaterlandes gefeiert und ein Symbol für Glanz und Einheit der Nation geschaffen werden. »Wie viele hässliche Denkmäler der zweiten Hälfte des vorigen Jahrhunderts, ist es ein Erzeugnis des übersteigerten Nationalismus, der Selbstbeweihräucherung der Völker«, schrieb der große Italien-Kenner Eckart Peterich trocken und treffend.

Zu allem Unglück verwendete der Architekt, Giuseppe Sacconi, auch noch einen Kalkstein namens Botticino, der kaum verwittert. Daher fehlt dem Vittoriano, das seit 1921 auch als Grab des unbekannten Soldaten dient, die gnädige Patina der Geschichte. Immerhin gibt es in dem Riesenbau ein Museum des Risorgimento, der italienischen Einheitsbewegung, und Wechselausstellungen zu sehen. Zudem haben viele Römer das Vittoriano längst als Schauplatz nationaler Zeremonien akzeptiert. Spötter finden dennoch, es gebe nur einen Ort, um diesem Säulen-Heiligtum optisch zu entkommen: das Dach des Vittoriano selbst.

Seit 2007 gibt es zwei gläserne Aufzüge, die in einer 35-Sekunden-Fahrt zur 80 Meter hohen »Terrazza delle Quadrighe« hinaufführen, auf die Dachterrasse, von der aus zwei Statuen der Siegesgöttin Victoria von je vier Pferden gezogen in den Himmel zu fahren scheinen.

Der Ausblick versöhnt mit dem Denkmal. Er reicht, bei klarem Wetter, über Rom hinweg bis zum Meer. Die Kuppeln, Dächer und Gärten der ganzen Stadt sind zu erkennen. Und bei Sommerhitze kühlt hier ein leichter Wind. Nach einigen Minuten ist es Zeit, sich von der Stadt zu lösen und den Blick in den römischen Himmel zu richten, der so viele Gestalten annehmen kann. Von einem tückischen Dunstgrau, der berüchtigten afa, im Sommer, bis zum Champagner-Blau des Frühlings. Am schönsten ist dieser Ort, wenn bei Sonnenuntergang Tausende Stare geometrische Formationen in den Himmel zaubern.

Das einstige Ghetto

TEMPIO MAGGIORE - MUSEO EBRAICO
LUNGOTEVERE DE' CENCI
WWW.MUSEOEBRAICO.ROMA.IT
SO - DO 9.30-16.30 (SOMMER BIS 18)
UHR; FR 9-14 (SOMMER BIS 16) UHR
EINTRITT: 11 EURO; SCHÜLER,
STUDENTEN, SENIOREN: 8 EURO;
KINDER UNTER 10 JAHRE: FREI

TIPP

GUTE KOSCHERE KÜCHE
IM RISTORANTE YOTVATA
PIAZZA CENCI 70
WWW.YOTVATA.IT
MO - DO, SO 12.30-15.30 UND
18.30-23 UHR; FR 12.30-15.30 UHR;
SA 18.30-24 UHR

Am Samstag, den 17. März 1962, ließ sich Papst Johannes XXIII. am Tiber entlangfahren, als er sah, wie aus der Synagoge gegenüber der Tiberinsel eine Gruppe Juden kam. Der Papst ordnete an, das Verdeck seines Wagens zu öffnen, und segnete die Menschen. Nach einem Moment der Verwirrung umringten ihn die Juden und applaudierten. Die Szene sollte als Meilenstein auf dem Weg zur Versöhnung zwischen katholischer Kirche und Judentum in die Geschichte eingehen.

Auch und gerade in Rom haben die Juden zeitweise sehr unter Päpsten gelitten. Dabei siedelten sie schon vor Christi Geburt am Tiber, zunächst in Trastevere,

später im Gebiet um die heutige Synagoge. 1555 ließ Papst Paul IV. dieses oft vom Tiber überschwemmte Viertel zum Ghetto erklären. Die Juden mussten mit ihrem Geld die Mauer finanzieren, die sie einschließen sollte. Die Tore wurden nachts verschlossen.

In dem übervölkerten, vom Hochwasser geplagten Ghetto starben viele Menschen an Seuchen wie der Pest. Erst 1848 ordnete der später so dogmatische Papst Pius IX., der zunächst reformgeneigt war, die Öffnung des Ghettos an. 1870 wurde es ganz abgeschafft. In den Folgejahren wurden die Mauern und Häuser abgerissen und die Fläche neu bebaut. Die Juden blieben und errichteten Anfang des 20. Jahrhunderts die große Synagoge im orientalischen Stil. Sie enthält ein aufschlussreiches Museum über das Schicksal der Juden in Rom.

Im Juli 1943, mitten im Zweiten Weltkrieg, wurde der faschistische Diktator Benito Mussolini, ein Verbündeter Nazi-Deutschlands, gestürzt. Im September kapitulierte Italien gegenüber den Alliierten und wechselte zu den Gegnern des Dritten Reichs über. Daraufhin besetzte die Wehrmacht den Norden und die Mitte Italiens, einschließlich Roms. Der römische SS-Kommandant Herbert Kappler sagte den Juden der Stadt zu, sie würden der Deportation entgehen, wenn sie 50 Kilogramm Gold ablieferten. Die Juden bezahlten und fühlten sich sicher. Doch am frühen Samstagmorgen des 16. Oktober 1943 überfielen Hunderte SS-Männer das Viertel um die Synagoge und trieben 1259 Menschen auf die Straße. 1007 Juden wurden nach Auschwitz deportiert. 15 kehrten zurück. Und heute? Stehen Wachhäuschen mit Polizisten um die Synagoge. Polizeiwägen mit Einsatzkräften halten sich im Hintergrund bereit. Die Behörden wollen Terroristen von der Synagoge abschrecken.

In den Straßen dahinter geht das Alltagsleben weiter. Restaurants mit koscherer Küche bieten Gerichte wie Lamminnereien, Kalbsbacken oder frittierte Artischocken an (s. Kapitel 12). Die jüdische Buchhandlung in der Via del Tempio verkauft auch Kochbücher. In den Gassen im Inneren des Viertels scheint die Zeit eingefroren zu sein. Die Fassaden bröckeln, aus einer aufgelassenen Kapelle wachsen Büsche, und eine Möwe sitzt auf einem Autodach und verzehrt ein erbeutetes Panino.

12

Ode an die Artischocke

Artischocken sind gleich Artischocken? Ci mancherebbe! – Das hätte gerade noch gefehlt! Artischocken sind eine Spezialität der römischen Küche, und es macht einen Riesenunterschied, welche Sorte man verwendet und ob man sie »alla giudia« oder »alla romana« zubereitet, auf jüdische oder auf römische Weise. Beide Gerichte werden in vielen Lokalen Roms angeboten, zum Beispiel in Trastevere oder im sogenannten Ghetto. Denn die »carciofi« balancieren die eher deftige, gern Innereien verwendende römische Kost aus. Sie sollen die Verdauung fördern und den Cholesterinspiegel senken. In der Antike wurde den violett blühenden, aus dem östlichen Mittelmeerraum stammenden Riesendisteln zudem nachgesagt, die Libido zu fördern. Das ist nicht ganz von der Hand zu weisen, wenn man ihre Entstehung bedenkt: Der griechische Göttervater Zeus verliebte sich bis über beide Ohren in die attraktive Nymphe Cynara. Doch sie wies ihn ab. In seiner Wut verwandelte Zeus Cynara in eine stachelige Artischocke.

Im 15. Jahrhundert wurde das Gewächs von Sizilien aus in die Toskana eingeführt. Als die Florentinerin Caterina de' Medici 1533 den französischen Königssohn Heinrich von Orléans heiratete, soll sie die Artischocke in Frankreich eingeführt haben. Die Italiener sind ohnehin der Meinung,

dass die Franzosen erst dank Caterina de' Medici das Kochen lernten – und dass die französische Küche folglich nur ein Derivat der italienischen sei. Was die Franzosen natürlich bestreiten.

Doch zurück zur Artischocke. Die Römer bevorzugen eine besonders zarte Sorte ohne Stacheln, »mammole« genannt. Sie bereiten sie »alla giudia« oder »alla romana« zu. Bei beiden Rezepten müssen die Artischocken zunächst vom faserigen hinteren Teil des Strunks, von den harten äußeren Blättern und sonstigen holzigen Stellen befreit werden. Dann werden die Spitzen gekappt und die Artischocken, damit sie sich nicht verfärben, 20 Minuten in ein Bad mit

Zitronenwasser gelegt. Von da an scheiden sich die Wege.

Die »carciofi alla giudia« werden eine Viertelstunde in einer Pfanne mit heißem Öl frittiert. Anschließend nimmt man sie heraus, lässt sie abkühlen und klappt die Blätter mit einer Gabel nach außen um. Dann wird das Innere mit etwas Weißwein begossen und mit Salz und Pfeffer gewürzt. Zuletzt taucht man die Artischocken kopfüber ins heiße Öl und frittiert sie weitere fünf Minuten.

Bei den »carciofi alla romana« werden nach dem Zitronenwasserbad die Blätter vom Zentrum her auseinandergebogen. Dann wird das Innere mit einer Paste aus Knoblauch, Petersilie, Pfefferminzblättern, Semmelbröseln, Olivenöl und Salz gefüllt. Danach gibt man die Gemüsedisteln in einen Topf, begießt sie zu gleichen Teilen mit Wasser und Weißwein und lässt sie 30 Minuten auf mittlerer Hitze kochen. Einmal abgekühlt werden sie als Antipasto oder als Beilage serviert.

Wer die carciofi in der einen oder der anderen Form gekostet hat, wird verstehen, warum die lateinischen Völker diesen Gewächsen so zugetan sind. Der chilenische Poet Pablo Neruda hat eine »Ode an die Artischocke« verfasst. Und in Städten wie Florenz und Neapel stehen Brunnen in Form von Artischocken. Höchste Zeit, dass auch in Rom einer aufgestellt wird.

Wunder einer Nacht

Die schönste Art, Rom zu erforschen, ist, ziellos durch die Straßen zu schlendern, sich von diesem oder jenem Detail faszinieren zu lassen und Wunderliches zu entdecken. So ist auf der Piazza Mattei in der Altstadt das Fenster eines Palazzo zugemauert. Natürlich versteckt sich dahinter eine Geschichte.

In dem Palast lebte einst ein Herzog aus der Familie Mattei. Er spielte gern um Geld und verzockte eines Nachts einen Großteil seines Vermögens. Sein Schwiegervater in spe weigerte sich, diesem Taugenichts seine Tochter anzuvertrauen. Da lud der Herzog Braut und Schwiegervater zu einem prächtigen Fest in seinen Palast ein. Während drin-

nen gefeiert wurde, ließ er draußen einen zauberhaften Brunnen errichten. Als die Morgenröte heraufzog, führte er Schwiegervater und Braut ans Fenster. Er deutete auf den Brunnen und sagte: »Seht her, zu was ein abgebrannter Mattei in wenigen Stunden fähig ist.« Dann ließ er das Fenster zumauern, damit kein anderer mehr diesen Blick genießen konnte.

Die historische Wahrheit ist etwas prosaischer. Papst Pius IV. ließ von 1561 bis 1570 das antike Aquädukt Aqua Virgo sanieren. Mit dem Wasser sollten etliche neue Brunnen gespeist werden. Damit vor seinem Palast auch ein Brunnen gebaut wurde, versprach Muzio Mattei, den Platz pflastern zu lassen und den Brunnen künftig auf seine Kosten rein zu halten. Daraufhin entwarf der Architekt Giacomo della Porta einen Brunnen im florentinischen Stil, den er mit dem Bildhauer Taddeo Landini ausführte. Das Werk wurde 1585 aufgestellt. Der Brunnen, der kunstgeschichtlich den Übergang von der Renaissance zum Manierismus markiert, besticht durch seine Balance zwischen Bewegung und Ruhe. Vier Jünglinge aus Bronze stützen sich mit ihrem linken Fuß auf Delfinen ab und schubsen mit ihrer rechten Hand vier Schildkröten in das über ihnen liegende Becken. Die Schildkröten haben die Hände gerade verlassen und mühen sich nun, über den Rand ins Wasser zu gelangen. Genau diesen Augenblick der Schwebe fängt das Kunstwerk ein.

Dabei sollten ursprünglich gar keine Schildkröten, sondern vier weitere Delfine ins Becken springen. Sie wurden jedoch für einen anderen Brunnen verwendet und 1658 durch die Reptilien ersetzt. Gian Lorenzo Bernini soll die anmutigen Schildkröten gestaltet haben. Weil sie immer wieder von Dieben entwendet wurden, hat man sie schließlich in die Kapitolinischen Museen gebracht und durch Kopien ersetzt. Doch das stört die Wirkung dieses stillen Platzes und seines Brunnens nicht.

Trinkernasen

VIA DELLE TRE CANNELLE

Wer in den Süden reist, bekommt allerlei gute Ratschläge für die Gesundheit mit auf den Weg. Einer lautet: Nur Mineralwasser aus Flaschen trinken. Kein Wasser aus dem Wasserhahn. Für die Römer beginnt der Süden Italiens allerdings erst in Neapel. Folglich trinken sie unbesorgt ihr Leitungswasser und empfehlen das auch ihren Gästen. Sie haben Recht damit. Das römische Wasser kommt seit der Antike über Leitungen und Aquädukte aus den Bergen und ist von bester Qualität. Teetrinker werden es zwar als zu kalkhaltig empfinden, für einen caffè, einen Espresso aber ist es gerade richtig.

Gutes Trinkwasser kommt in

TIPP

EINE KARTE MIT VIELEN TRINKBRUNNEN
IN DER INNENSTADT GIBT ES UNTER:
WWW.ACEA.IT/MEDIA.ASPX/
MAPPA_DEI_NASONI_-_CARTINA?
LANG=IT

Ein ganz besonderes Nasone-Exemplar steht am Ende einer Treppenstraße, der Via delle Tre Cannelle, unweit der Piazza Venezia. Hier können sich, in der Hitze der Stadt, gleich drei Durstige gleichzeitig am kühlen Wasser erfrischen. Die Hähne zeigen die charakteristischen, ursprünglichen Drachenköpfe, die bei neueren Varianten verschwunden sind.

Der Trick beim Trinken aus einem Nasone besteht darin, den Auslauf des Hahns mit dem Daumen zu verschließen. Dann schießt das Wasser aus einem Loch an der Oberseite empor. Könner lassen es direkt in ihren Mund spritzen. Anfänger machen sich nass. Doch es ist nur eine Frage kurzer Übung, wie ein wahrer Römer zu trinken.

Versuche der Stadt, den Wasserverbrauch der stetig sprudelnden Nasoni über Verschlüsse zu senken, sind gescheitert. Traditionalisten finden ohnehin, die Trinkbrunnen sollten stetig fließen, damit ihr Wasser frisch bleibt und die Abwasserkanäle der Stadt stets gut durchgespült werden.

Rom nicht nur aus der Leitung im Hotel oder Appartement, sondern auch aus zweieinhalb tausend Wasserspendern auf Straßen und Plätzen. Sie werden seit 1874 installiert, sind meist aus Gusseisen, heißen wegen der Form der Wasserhähne »nasoni«, »Großnasen«, und finden sich zum Beispiel beim Kolosseum, auf dem Kapitol oder auf der Piazza del Popolo. Dagegen bieten die prächtigen Schmuckbrunnen kein Trinkwasser. Die Fontana di Trevi oder der Vierströmebrunnen auf der Piazza Navona sind für Dürstende gänzlich ungeeignet.

Trastevere und Gianicolo

Mitten im Fluss

SAN BARTOLOMEO ALL'ISOLA
WWW.SANBARTOLOMEO.ORG
MO - SA 9.30-13.30 UND
15.30-17.30 UHR ; SO 9.30-13 UHR

TIPP

IN DER BISTRO-BAR TIBERINO
AUF DER INSEL GIBT ES EIS UND
VIELES ANDERE FÜR DEN KLEINEN
HUNGER ODER DURST.
WWW.TIBERINO.EU

Als Schiff aus Stein ragt die Tiberinsel aus dem Fluss. Ein paar Studenten liegen auf den zum Wasser hin abfallenden Befestigungsmauern in der Sonne. Ein Ruderboot fährt vorbei, dann ein kleines Passagierschiff. Wasservögel gründeln in der braungrünen Tiefe. Auf der Insel ist das Gefühl noch lebendig, dass Rom nur wegen des Tibers Rom geworden ist. Der Fluss spendete Trinkwasser und Fisch, und er diente als Transportweg, um Waren vom Meer hierher zu schaffen. Die alten Römer verehrten ihren Tiberis daher als Gottheit. Dieser Gott ist tief gefallen. Weil der Fluss verheerende Überschwemmungen anrichtete, plante bereits Cäsar, ihn zu begradi-

gen und umzuleiten. Als der Tiber im Dezember 1870 auf 17 Meter über normal stieg und seine Wasser bis zur Piazza di Spagna ergoss, war das Maß voll. In den folgenden Jahrzehnten wurde der Tiber zwischen hohe Mauern eingekerkert. Das Leben am Fluss mit seinen Schiffern, Fischern, Wäscherinnen, Müllern, Hafenarbeitern und Badegästen erstarb. Der Flussgott verkam zu einem vernachlässigten, schmutzigen Wasserlauf, den die Römer im Alltag vergaßen.

Doch allmählich wird der Tiber wiederentdeckt. Der Trend aus anderen Städten wie Paris oder München, die Flüsse ins Stadtleben zurückzuholen, spornt auch Rom an. Inzwischen verläuft ein Radweg unten am rechten Tiberufer durch die ganze Stadt. Ausflugsboote schippern vom Ponte Marconi bis Ostia Antica. Auch in der Stadt verkehren Schiffe. Im Sommer verwandelt sich das rechte Tiberufer zum Corso – mit Restaurants, Kneipen, Ausstellungen, Spielplätzen und Konzerten. Die Tiberinsel wird dann zur Filminsel. Auf einer Großleinwand im Freien werden italienische und internationale Streifen gezeigt.

In den Hochsommerwochen ist der Tiber also wieder wie einst der Star der Stadt. Übers Jahr aber geht es dort gemächlich zu. Wenige Touristen verirren sich in die uralte Kirche San Bartolomeo all'Isola auf der Tiberinsel, die von der katholischen Laienbewegung Sant'Egidio betreut wird. Die Kapellen in den Seitenschiffen sind jenen Glaubenszeugen gewidmet, die Opfer der Nazis, Kommunisten, Islamisten, lateinamerikanischer Diktatoren, afrikanischer Völkermörder oder italienischer Mafiabosse geworden sind.

Die Kirche will zeigen, dass Heilige und Märtyrer keine Gestalten ferner Legenden sind, sondern mitten in der Welt von heute wirken. So ist eine Bibel von Floribert Bwana Chui ausgestellt, eines jungen kongolesischen Zollbeamten, der sich weigerte, für ein Bestechungsgeld verdorbene Lebensmittel ins Land zu lassen. »Als Christ kann ich das nicht akzeptieren«, sagte er und wurde dafür umgebracht. Oder eine Stola des Anti-Mafia-Priesters Pino Puglisi, der 1993 von der Cosa Nostra an seinem 56. Geburtstag erschossen wurde. Einer der Mörder bekannte später vor Gericht, Pino Puglisi habe vor seiner Ermordung lächelnd gesagt: »Damit habe ich gerechnet.«

16

BUS 125 BIS GENOVESI

Geschlagen, aber nicht besiegt

Cäcilie liegt, leicht gekrümmt, auf dem Boden, wie soeben niedergeworfen von ihrem Schlächter. Ihr Kopf ist nach hinten gewendet, sodass die tiefe Wunde im Nacken sichtbar wird. Drei ausgestreckte Finger der rechten Hand symbolisieren die Dreifaltigkeit Gott Vater, Sohn und Heiliger Geist. Der gestreckte Zeigefinger der linken Hand weist dagegen darauf hin, dass Gott in drei Personen eins ist. So trotzt Cäcilie noch im Sterben den Verfolgern und demonstriert: Ich bin geschlagen, aber nicht besiegt.

Genau in dieser Haltung hat der frühbarocke Künstler Stefano Maderno die Heilige aus elfenbeinfarbenem Marmor gehauen.

PIAZZA DI SANTA CECILIA
WWW.BENEDETTINESANTACECILIA.IT
MO - SO 9.15-12.45 UND 16-18 UHR

TIPP

WENIGE FUSSMINUTEN ENTFERNT LIEGT DIE KULT-PIZZERIA AI MARMI. EINFACH, VOLL, LAUT, GUT. VIALE DI TRASTEVERE 53 MO - DI, DO - SO 19-2 UHR; MI RUHETAG

Und genau so soll ihr unversehrter Leichnam 1599 gefunden worden sein.

Doch der Reihe nach: Cäcilie war, so will es die Legende, eine schöne, junge Römerin aus dem Geschlecht der Cäcilier. Sie lebte im dritten Jahrhundert, in einer Zeit der Christenverfolgung, im römischen Viertel Trans Tiberim, dem heutigen Trastevere. Schon als Mädchen fühlte sie sich zum Christentum hingezogen. Sie widmete ihr Leben Gott, bekehrte später auch ihren Ehemann Valerianus und geriet schließlich in Streit mit dem römischen Präfekten Almachius.

Der Präfekt ließ Cäcilie drei Tage in ein heißes Dampfbad sperren, um sie zu ersticken. Doch sie empfand nur Kühle. Daraufhin befahl Almachius, die junge Frau zu enthaupten. Dem Henker standen drei Schwerthiebe zu, aber er schaffte es nicht, ihren Kopf abzutrennen. So lebte Cäcilie drei Tage schwer verletzt weiter, um Gutes zu tun und andere zu bekehren. Dann starb sie und wurde, so wie sie dalag, in einen Sarg aus Zypressenholz gelegt.

Später wusste niemand mehr, an welchem Ort die Märtyrerin beerdigt war. Doch dann erschien Cäcilie 819 dem Papst Paschalis I. im Traum und zeigte ihm die Stelle. Er fand den Zypressensarg in der Calixtus-Katakombe, ließ ihn zurück an den Ort des Martyriums bringen und dort in der Cäcilie geweihten Kirche bestatten. 1599 wurde bei Renovierungsarbeiten der Sarg geöffnet und die unversehrte Leiche gefunden. Daraufhin rief ein Kardinal den Bildhauer Maderno herbei, um das Wunder festzuhalten. Es war die Zeit der Gegenreformation. Da kam der katholischen Kirche solch ein Mirakel gerade recht.

Die helle Marmorskulptur der jungen Römerin liegt unterhalb des Hauptaltars in einem schwarz ausgeschlagenen Schrein aus Stein. Man muss nicht jedes Wort der Legende glauben, um sich von diesem Bild anrühren zu lassen. Es ist ein Sinnbild friedlichen Widerstandes gegen die Gewalt.

Im Garten der Weisheit

LARGO CRISTINA DI SVEZIA

WEB.UNIROMA1.IT/ORTOBOTANICO/

SOMMERHALBJAHR TGL. 9-18.30 UHR;

WINTERHALBJAHR TGL. 9-17.30 UHR

EINTRITT: 8 EURO; JUGENDLICHE,

SENIOREN: 4 EURO

Es gibt noch prächtigere botanische Gärten in Europa, doch den Orto Botanico in Trastevere durchweht ein nostalgischer Flair, der seinen ganz eigenen Reiz hat. Des harten römischen Kopfsteinpflasters und der unzähligen steinernen Zeugnisse der Geschichte müde, lassen sich hier erholsame Stunden im Grünen verbringen, in einem Palmenhain und einem Bambuswald, zwischen Gewürzkräutern, Farnen oder Rosenstöcken. Vor allem aber verdient eine große alte Dame einen Besuch; die Gärtner weisen den Weg zu ihr. Dort steht sie, am Hang des Gianicolo-Hügels, die vermutlich älteste Platane Roms, Urmutter all der großblättrigen Bäume der

Art Platanus orientalis entlang der Tiberstraßen, die so tapfer dem Verkehr trotzen. Die alte Dame aber hat ein schönes ruhiges Plätzchen und blickt aus ihren fast 40 Metern Höhe hinab auf die Stadt. Sie hätte viel zu erzählen, wenn ihr nur jemand zuhören würde.

Die Anfänge des Orto Botanico hat jedoch selbst diese betagte Zeugin noch nicht erlebt. Dokumente aus dem 13. Jahrhundert erwähnen Obst-, Kräuter- und Medizinpflanzen-Gärten, mit denen die Päpste sich und ihren Hof versorgen ließen. Der sonst so berüchtigte Borgia-Papst Alexander XVI. ließ in der Renaissance den ersten richtigen botanischen Garten anlegen, den seine Nachfolger ausbauten. Der erste Universitätslehrstuhl für Botanik wurde 1513 an der römischen Universität La Sapienza (»die Weisheit«) eingerichtet. 1883 bekam der Orto Botanico seinen heutigen Platz in den Gartenanlagen des Palazzo Corsini, die einst die Wahlrömerin Christina von Schweden gepflegt hatte.

Ungefähr 3000 Arten gedeihen in dem 12 Hektar großen Park, der sich vom Gianicolo-Hügel zum Tiber hinab zieht. Die alte Platane hat also viel Gesellschaft.

18

Cereria Di Giorgio

VIA SAN FRANCESCO DI SALES 85/A
WWW.CERERIADIGIORGIO.IT
MO - SA 10-13.30 UND 15.30-19.30 UHR;
JULI UND AUGUST SAMSTAGNACHMITTAGS
GESCHLOSSEN

Vor mehr als hundert Jahren kam Diletta Di Giorgios Urgroßvater aus Sizilien nach Rom. Er sah die vielen Kirchen und dachte sich, dass dies ein guter Markt für Kerzen sein müsse. Also fing er an, in einer winzigen Werkstatt in der Via San Francesco di Sales in Trastevere von Hand Kerzen herzustellen. »Ganz allmählich kam sein Geschäft voran«, erzählt seine Urenkelin. Die Cereria Di Giorgio wurde zum offiziellen Kerzenlieferanten des Vatikans und konnte Anfang der sechziger Jahre eine moderne Fabrik im Süden Roms aufbauen. »Wir sind nun die vierte Generation und versuchen, das Unternehmen weiter voranzubringen«, sagt die Signorina Diletta.

Das Geschäft befindet sich immer noch an dem Ort, an dem der Urgroßvater begonnen hatte. Doch nun gibt es hier moderne, hell erleuchtete Räume, in denen viele der 5000 verschiedenen Kerzen-Artikel ausgestellt sind, die die Cereria vertreibt. Da wären normale Kerzen aus bestem Wachs in allen Formen und Farben, Votivkerzen, Grablichter, Kerzen mit Papst Franziskus darauf, Duftkerzen in 32 verschiedenen Fruchtnoten wie Melone, Erdbeere und Papaya, Citronella-Kerzen gegen die Sommermücken und wahre Kunstwerke aus Wachs und Docht in Form von Eulen, Fröschen, Schmetterlingen, Törtchen, Früchten, Kugeln oder Pyramiden. Hinzu kommen Kerzen zu den verschiedenen Anlässen: Geburtstag, Ostern, Halloween, Weihnachten.

Belieferte der Urgroßvater noch in erster Linie Kirchen, spielen heute auch Deko-Kerzen eine Rolle, die von Römern gern verschenkt werden. In der Cereria Di Giorgio lässt sich auf jeden Fall ein hübsches Mitbringsel finden, das origineller ist als die Ware, die die Souvenirläden verkaufen. Deutsche, die in Rom leben, finden in der Cereria auch Christbaumkerzen. Die sind in Rom sonst kaum zu bekommen.

La Grande Bellezza

PIAZZA DI SAN CALISTO 4
MO - SA 6-2 UHR

TIPP

DIE SZENE AUS DEM FILM LA GRANDE
BELLEZZA IST ZU SEHEN UNTER:
WWW.YOUTUBE.COM/WATCH?
V=GSOXLTSJ5VE

In Paolo Sorrentinos Film *La Grande Bellezza*, der die flamboyante Dekadenz der römischen High Society feiert und entlarvt, ist eine kurze Bar-Szene zu sehen. Es ist keine auffällige Bar: schwarz-weiß gekachelter Fußboden, ein alter Holztresen, Peroni-Bier, Fußballbilder an den Wänden. Das Auffällige an dieser Bar ist ihre Unauffälligkeit. Dennoch strahlt dieser Ort einen melancholischen Zauber aus. Denn längst haben schicke Weinlokale, Cocktail-Clubs, Pubs und pseudofolkloristische Trattorien das Viertel um die Piazza Santa Maria in Trastevere besetzt. Bars wie in *La Grande Bellezza* scheint es längst nicht mehr zu geben. Und es gibt sie doch. Sorrentino

hat die Szene seines Films in der real existierenden Bar San Calisto gedreht. Hier, nur ein paar Schritte von Santa Maria in Trastevere entfernt, hat sich seit sieben, acht Jahrzehnten kaum etwas verändert. Gewiss, das kleine Bier am Tresen wird nicht mehr in Lire, sondern in Euro berechnet; doch es bleibt mit 1,50 Euro unschlagbar günstig. Die Kellner verbreiten jene typisch römische Ruppigkeit, die, wenn man sich davon nicht irritieren lässt, rasch in Herzlichkeit umschlagen kann.

Etliche Gäste, die auf ein Peroni im Stehen vorbeischauen oder an den Tischen auf der Piazza San Calisto eine Granita di caffè con panna genießen, sprechen Romanesco, den hiesigen Dialekt. Andere unterhalten sich in Englisch oder vielen weiteren Sprachen der Welt. Denn im Calisto treffen sich alle: einfache Leute aus dem früheren Arbeiter- und Handwerkerviertel Trastevere, Touristen, amerikanische Studenten, Künstler, Intellektuelle und solche, die auch dabei sein wollen. Ihnen allen wird das San Calisto hoffentlich auch in den nächsten Jahrzehnten morgens als Frühstücks-Bar, mittags als Bistro, nachmittags als Eisdiele und nachts als Kneipe dienen.

Doch warum hat sich gerade diese Bar so, wie sie ist, behauptet? Marcello Forti, der hier seit Urzeiten Chef ist, meint: »Unser Preis-Leistungs-Verhältnis ist unerreichbar.« Doch vielleicht liegt das Geheimnis des Erfolgs in etwas anderem, das in der globalisierten Welt verloren geht: Authentizität.

Hier ist sie zu finden. Der römische Regisseur und Schauspieler Ivano De Matteo hat über die Bar San Calisto daher einen ganzen Dokumentarfilm gedreht. Wer sich nachts vor die matt beleuchtete Bar setzt und das Live-Kino des römischen Straßenlebens an sich vorbeiziehen lässt, entdeckt, dass sich La Grande Bellezza manchmal gerade im Gewöhnlichen findet.

Mütter des Vaterlandes

Wenn vom Risorgimento gesprochen wird – der Bewegung zur nationalen Einheit Italiens im 19. Jahrhundert –, ist stets von Giuseppe Garibaldi und seinen bärtigen Mitstreitern die Rede. Väter des Vaterlandes werden die Größten von ihnen genannt. Dabei wird fast immer verschwiegen, dass etliche Frauen im Risorgimento in vorderster Front mitkämpften und während der Kriege zur Erringung der Einheit starben. Kaum einer kennt diese Mütter des Vaterlandes heute noch.

In den Parkanlagen auf dem Gianicolo-Hügel sind zahlreiche Marmorbüsten von Freiheitshelden aufgestellt. Alle von ihnen sind Männer. Alle bis auf eine.

PASSEGGIATA DEL GIANICOLO UND PIAZZALE ANITA GARIBALDI

hen aus. Junge Idealisten lehnten sich gegen die autoritären Monarchien auf der Apenninenhalbinsel auf, um ein freies, einiges und vielleicht sogar demokratisches Italien zu schaffen. Im November 1848 flüchtete Papst Pius IX. aus Rom. Im Februar 1849 riefen die Revolutionäre die Repubblica Romana, die Römische Republik, aus. Der Papst bat die anderen europäischen Mächte um Waffenhilfe. Im Frühjahr rückten französische und spanische Truppen auf Rom vor.

Graf Luigi Porzi schloss sich den Revolutionären an. Daraufhin schnitt sich Colomba Antonietti ihre langen Haare ab und legte die Uniform eines Infanteristen an. Gemeinsam mit ihrem Mann zog sie in den Krieg, zunächst in der Lombardei und im Veneto. Im Mai 1849 kämpfte das Ehepaar dann unter Giuseppe Garibaldi im Süden Latiums und schließlich in Rom.

Der Gianicolo-Hügel war besonders umfochten. Immer wieder rannten die Franzosen gegen die Truppen Garibaldis an, in denen viele Frauen mitkämpften. Am 13. Juni gelang es den Franzosen, eine Bresche in die Verteidigungslinie bei der Porta San Pancrazio auf dem Gianicolo zu schlagen. Colomba Antonietti versuchte zusammen mit ande-

Diese Ausnahme ist eine junge Frau mit ebenmäßigen Gesichtszügen und kurzen, leicht gelockten Haaren, die wirkt, als sei sie aus Versehen in die Reihe grimmiger Kämpfer geraten. Doch sie gehört hierher.

Colomba Antonietti wurde 1826 in eine umbrische Bäckersfamilie hineingeboren. Umbrien gehörte damals zum Kirchenstaat. So lernte Colomba im Alter von 15 Jahren einen Kadetten des Papstes, den Grafen Luigi Porzi, kennen. Die jungen Leute aus so unterschiedlichen Schichten verliebten sich ineinander, ignorierten die Proteste ihrer Familien und heirateten 1846.

Zwei Jahre später brachen in Italien wie in ganz Europa Unru-

ren Soldaten Garibaldis, die Lücke mit Steinen und Erde zu füllen. Dabei wurde sie von einer Kanonenkugel des Feindes getroffen. Sie starb in den Armen ihres Mannes. Ihre letzten Worte sollen gewesen sein: »Viva l'Italia!«

Die Franzosen siegten. Der Papst kehrte nach Rom zurück. Giuseppe Garibaldi floh nach New York und durfte erst mehr als 20 Jahre später erleben, wie sein Traum vom Risorgimento Wirklichkeit wurde. In seinen Memoiren rühmte er seine gefallene Kameradin Colomba Antonietti: »Sie erinnerte mich an meine arme Anita, die genauso ruhig mitten im Feuer stand.«

Auch Anita Garibaldi, eine gebürtige Brasilianerin, starb 1849 im Laufe des Freiheitskampfes. Ihr ließ ausgerechnet der faschistische Diktator Benito Mussolini auf dem Gianicolo ein Denkmal setzen. Hoch zu Ross galoppiert sie, ihr kleines Kind im linken Arm und eine Pistole in der rechten Hand, der Freiheit entgegen.

21

Wanderung zum Vatikan

CAFFÈ DI MARZIO
PIAZZA DI SANTA MARIA
IN TRASTEVERE 15

KIRCHE SANT'ONOFRIO
PIAZZA DI SANT'ONOFRIO 2
MO - FR, SO 9-13 UHR;
IM AUGUST GESCHLOSSEN

TIPP

EIN SCHÖNES VIER-STERNE-HOTEL IN
EINEM EHEMALIGEN BAROCKKLOSTER
IST DAS DONNA CAMILLA SAVELLI
IN DER VIA GARIBALDI 27.
WWW.HOTELDONNACAMILLASAVELLI.COM

Bevor Sie zur Wanderung von Trastevere über den Gianicolo-Hügel zum Vatikan aufbrechen, stärken Sie sich am besten noch mit einem Cappuccino und einem Cornetto im Caffè di Marzio auf der Piazza Santa Maria in Trastevere. Nicht, weil dort das Frühstück besser wäre als anderswo, sondern wegen des herrlichen Blicks auf die mit Mosaiken verzierte Fassade von Santa Maria in Trastevere, eine der stimmungsvollsten Kirchen Roms. Danach geht es über die Piazza di Sant'Egidio und weiter die Via della Scala entlang, an deren Ende links die Via Garibaldi ansteigt. Nach einem Linksknick der Straße wählen Sie rechts die steile, in einen Treppenweg mün-

dende Via di Porta San Pancrazio.

Oben angekommen, belohnt ein phantastischer Blick auf die Stadt mit ihren Kuppelkirchen, Türmen und Palästen. Besonders schön ist es hier im Frühjahr, wenn im Vordergrund die Bäume blühen und im Hintergrund die schneebedeckten Gipfel der Abruzzen leuchten.

Ein paar Schritte weiter ließ Papst Paul V. 1610 eine Art barocken Triumphbogen bauen, groß wie eine Palast-Fassade. Aus drei Schalen und zwei Wasserspeiern rauscht klares Wasser in ein Marmorbecken. Die Fontana dell'Acqua Paola markiert den Endpunkt des antiken Aquädukts Aqua Traiana, das der Papst restaurieren ließ, um Trastevere und den Vatikan mit frischem Wasser aus den Sabatiner Bergen zu versorgen.

Nun geht es zurück Richtung Westen und die Passeggiata del Gianicolo entlang durch Grünanlagen zum Piazzale Giuseppe Garibaldi. Hier wacht der italienische Freiheitsheld, der auf diesem Hügel gekämpft hat (s. Kapitel 20), hoch zu Pferde über die Stadt. Ein Stück weiter zur Rechten steht eine reizende Renaissance-Villa in Vogelflugperspektive über Rom. Sie gehört einem finnischen Kulturinstitut. Glücklich, wer hier arbeiten darf. Auf dem nächsten Platz wartet ein weißer Leuchtturm in Form einer Säule, den nach Argentinien ausgewanderte Italiener spendiert haben. Zu besonderen Anlässen strahlt er nachts in den Farben der Tricolore: grün, weiß und rot.

Am Ende der Passeggiata, gegenüber des vatikanischen Kinderkrankenhauses Bambino Gesù, liegt die Piazza Sant'Onofrio mit dem gleichnamigen Renais-sance-Kloster samt Kirche und Kreuzgang. Hier starb 1595 der Dichter Torquato Tasso; und hier liegt er auch begraben. Von der Piazza führt die Salita Sant'Onofrio hinunter zur Piazza della Rovere am Tiber. Von dort aus sind es nur noch wenige Minuten bis zum Petersplatz.

Vatikan
und Prati

22

Über den Dächern

VIA DEI BASTIONI 1
WWW.ATLANTEHOTELS.COM/STAR

TIPP

EINE ANDERE AUSSERGEWÖHNLICHE
ROOFTOP-BAR IST DIE AMERICAN BAR IM
FORUM HOTEL, VIA TOR DEI CONTI 31
WWW.RISTORANTEROOFGARDENFORUM.IT/
AMERICAN-BAR.HTM

Sie träumen von einer Dachterrasse? Mit Blick auf den Petersdom? Und freundlichem Service, der Cappuccino und Gebäck zum Frühstück bringt? Oder den passenden Cocktail zur samtenen Nacht über dem Tiber? Dann sollten Sie im Stadtteil Prati das Hotel Atlante Star aufsuchen. Sie brauchen nicht den Haupteingang in der Via Vitelleschi 34 nehmen und durchs Hotel laufen, sondern können einen Nebeneingang in der Via dei Bastioni 1 benutzen. Ein Aufzug bringt Sie aufs Dach. Dort können Sie entscheiden, ob es stimmt, was Benito Mencucci sagt: »Wenn man in Rom meine Dachterrasse nicht gesehen hat, ist es so, als ob man den Papst nicht gesehen hat.«

Mencucci ist ein herzlicher Mann Ende 70 mit schütterem Schnurrbart, der sichtlich zufrieden auf der Dachterrasse sitzt und seine Geschichte erzählt. Er stammt aus einem Städtchen in den Marken. Als junger Bursche wollte er nach Kanada auswandern, doch er bekam kein Visum. So ging er nach Rom und schuftete in Hotels. 1962 machte er eine eigene Pension auf – mit 7 Zimmern. Und dann ging es immer weiter. Mencucci kaufte Wohnungen dazu und baute sich nach und nach zwei Vier-Sterne-Hotels in Prati auf – das Atlante Star und das Atlante Garden. Er führt sie heute zusammen mit seinen Kindern Francesca, Roberta und Federico.

Im Atlante Star riss Mencucci die obersten Stockwerke zweier nebeneinanderliegender Palazzi ab, um sich seinen Traum zu erfüllen: ein Restaurant im sechsten Stock und zwei weitläufige, begrünte Dachterrassen samt Bar im siebten und achten. »La Terrazza Paradiso« heißt dieser Platz ein wenig unbescheiden, doch nicht ohne Grund. Der Hausherr ist ein Pflanzenfreund. So blüht es hier oben in allen Farben, und es duftet nach den Kräutern des Mittelmeers. Der Blick geht 360 Grad über ganz Rom hinweg. Doch die meisten Gäste haben nur Augen für das eine: den Petersdom.

23

Zeit für Sankt Peter

PETERSDOM
TÄGLICH 7–18.30 (SOMMER 19) UHR

TIPPS

INFORMATIONEN RUND UM DEN
VATIKAN GIBT DAS DEUTSCHSPRACHIGE
PILGERZENTRUM IN DER
VIA DEL BANCO DI S. SPIRITO 56:
WWW.PILGERZENTRUM.NET

DIE INFORMATIVE WEB-SEITE
DES VATIKANS STEHT UNTER:
WWW.VATICAN.VA

DEUTSCHSPRACHIGE BESUCHER ERHALTEN
EINLASS IN DEN CAMPO SANTO TEUTONICO.
WWW.VATICAN.VA/VARIOUS/TEUTONICO/
INDEX.HTM

Es ist noch nicht allzu lange her, da ließ sich der Petersdom ganz einfach besichtigen. Man überquerte die Piazza San Pietro, stieg die Freitreppe hinauf, passierte ungestört eines der Eingangstore und schaute sich in aller Ruhe die Basilika an. Heute bekommt man dagegen den Eindruck, die 20 000 Menschen fassende Kirche sei ständig bis auf den letzten Platz gefüllt. Wer hinein will, muss eine Sicherheitsschleuse wie am Flughafen passieren. Die Schlange davor reicht oft um den ganzen Petersplatz herum.

Was also tun, um San Pietro und seine Piazza wenigstens ein bisschen für sich zu haben? Früh aufstehen und spät ins Bett gehen: Der Petersdom öffnet täglich um

7 Uhr morgens. Wer dann schon da ist, muss praktisch nicht anstehen. Minuten später ist er drin und staunt, wie leer dieses Zentrum von 1,2 Milliarden Katholiken sein kann. Sogar vor dem Panzerglas, das Michelangelos Pietà schützt, ist reichlich Platz. Nur wenige Touristen streifen herum. Dafür werden an etlichen Altären Gottesdienste abgehalten, auf Polnisch, Englisch, Deutsch oder Italienisch. Hier betet eine kleine Pilgergruppe in einer Kapelle. Dort feiern zwei Gläubige die Messe mit einem Priester. Doch diese Idylle währt nicht lan-

ge. Wenn man die Basilika verlässt, sieht man die Schlange, die sich inzwischen gebildet hat.

Auch der Petersplatz hat seine Zeiten. Die Generalaudienzen des Papstes mittwochs um 10 Uhr und seine Angelus-Gebete sonntags um 12 Uhr sind ein Erlebnis, zumal bei Papst Franziskus, der Humor hat und gern auf Menschen zugeht. Allerdings können bei solchen Angelegenheiten die Säulen-Arme des Petersplatzes die Menschenmassen kaum fassen.

Ganz anders sieht es am späten Abend aus, wenn die von Gian Lorenzo Bernini geschaffene Piazza leer ist. Dann hört man die eigenen Schritte auf dem Pflaster und das Rauschen der beiden Brunnen. Kuppel und Fassade der Basilika werden von Scheinwerfern in ein magisches Licht getaucht.

Früher blickte man dann gern hinauf zum zweiten Fenster von rechts im obersten Stockwerk des Apostolischen Palastes. Brannte noch Licht, wusste man: Auch der Papst ist noch wach. Franziskus wohnt jedoch nicht mehr im Palast. Er zieht eine einfache Unterkunft im vatikanischen Gästehaus Domus Sanctae Marthae vor.

24

Steine des Anstoßes

Traditionsbewusste Bürger sprechen von einem »Massaker«, dem jährlich Millionen zum Opfer fallen. Sie meinen die Sanpietrini, auch Sampietrini genannt, die kleinen Steine von Sankt Peter. Unter Pius V., der ein großer Urbanist war, sollen die Kopfsteine in Form einer gekappten Pyramide Ende des 16. Jahrhunderts erstmals in Rom verwendet worden sein, um den Petersplatz und die Piazza Venezia zu pflastern. Später wurden immer mehr Straßen und Plätze der Stadt, die vorher aus gestampfter Erde oder Ziegeln bestanden, mit Sanpietrini bedeckt.

Die Trümpfe der zumeist 12 auf 12 auf 18 Zentimeter großen Kuben aus hartem Lavastein der Albaner Berge: Sie sind sehr haltbar, gleichen die Unebenheiten des hügeligen Roms aus, lassen das Wasser in den Ritzen versickern und machen auch noch Bella figura in einer Stadt, die sich als Gesamtkunstwerk sieht. Architekten und Stadtplaner finden, die Sanpietrini formten das »horizontale Gesicht« der Kapitale.

Trotzdem stehen die dunkelgrauen Kopfsteine unter Beschuss. Denn sie haben auch Nachteile: Bei Regen verwandeln sie sich in eine glitschige Fläche, die Vespa- und Autofahrer ins Rutschen bringt. Die Signore und Signorine brechen sich beim Flanieren die Absätze ihrer Schuhe zwischen den Sanpie-

trini ab. Und wer schon einmal mit dem Bus eine abschüssige Kopfstein-Straße hinab gerüttelt wurde, kann vielleicht verstehen, warum ein Teil der Stadtverwaltung die Sanpietrini auf Hauptstraßen wie der Via Nazionale herausreißen und durch Asphalt ersetzen will. Außerdem, heißt es, sei der Erhalt des Pflasters zu teuer.

Alles falsch, sagen die Traditionsbewussten, die von einer Verschwörung sprechen, um Straßenbaufirmen Aufträge zuzuschanzen. Die Sanpietrini seien als Straßenbelag unschlagbar. Wenn die Pflasterung regelmäßig gepflegt und ausgebessert werde, komme sie billiger als eine Asphaltierung. Wer die Kopfsteine herausreiße, raube Rom die Seele.

Der Streit um die Steine hat auch schon zu diplomatischen Verstimmungen geführt: Ausgerechnet der Kirchenstaat wünscht, dass die wichtigen Straßen des Borgo Pio – des historischen Viertels zwischen Vatikan und Engelsburg – asphaltiert werden. Dadurch könnten die Lastwagen besser in den Vatikan fahren. Die Fachbehörden der Stadt Rom sind jedoch gegen einen solchen Modernismus; und etliche Bürger des Borgo Pio haben einen Verein gegründet, um für den Erhalt ihrer Sanpietrini zu kämpfen.

Auch die Kulturvereinigung »Sampietrinio« widmet sich dem

Traditionspflaster. Einige Erfolge haben die Liebhaber der Lavasteine bereits vorzuweisen. In manchen Fußgängerzonen Roms wird der Asphalt jetzt schon wieder entfernt und durch Kopfsteine ersetzt. Und auf dem Petersplatz bleiben die Sanpietrini ohnehin sakrosankt.

25

Gratta Checca!

Im August, wenn die Römer nach Sardinien fahren, kann es in der Stadt mächtig heiß werden. Das Thermometer zeigt bis zu 40 Grad an. Doch die Hitze ist nicht das Hauptproblem. Schlimmer ist die Schwüle, die sich unter einer hellgrauen Dunstglocke bildet und die Schritte schwer werden lässt. »Canicola« nennen die Römer ihre Hundstage. Und sie finden es »molto strano«, sehr seltsam, dass sich dann noch Touristen auf Besichtigungstour kilometerweit durch die Stadt quälen. Ein Römer, den das Unglück zwingt, die Hitzewochen in der Stadt zu verbringen, macht es sich so angenehm wie möglich. Er geht zu einem Kiosk seines Vertrauens und holt sich eine Grattachecca.

VIA DI PORTA CAVALLEGGERI

TIPP

ROMS EISPALAST IST DIE 1900 GEGRÜNDETE GELATERIA GIOLITTI IN DER VIA DEGLI UFFICI DEL VICARIO 40 NAHE DEM ABGEORDNETENHAUS. WWW.GIOLITTI.IT

Schon der Anblick kühlt die Gedanken: Der Signore oder die Signora im Kiosk nimmt einen Eisblock aus dem Kühlschrank, legt ihn auf ein Holzbrett und zerkleinert das Eis mit einem Schaber. Das Granulat wird in einen Becher geschüttet, mit Sirup oder Fruchtsaft übergossen und mit Obststücken garniert. Zitronengelb, himbeerrot oder melonenorange leuchten die Eiskristalle, und der Becher liegt wunderbar kalt in der Hand. Es ist also doch gut, im Hochsommer in Rom zu sein!

Es gibt zwei Theorien, woher der Name Grattachecca kommt: Die erste ist allgemein verbreitet und besagt, er setze sich aus grattare (schaben) und checca (Eisblock) zusammen. Die zweite stammt von Maria Moscaroli. Sie steht in ihrem hübschen dunkelgrünen Kiosk an der Via di Porta Cavalleggeri, die Mauern des Vatikans im Rücken, und erzählt, vor 150 Jahren habe eine furchtbare canicola die Römer geplagt. Da sie damals noch keine Kühlschränke hatten, benutzten sie Eisblöcke aus Gletschern, um Lebensmittel frisch zu halten. Die Frau eines Schreiners – Francesca mit Namen, was im römischen Dialekt zu Checca wird – kam auf die Idee, das Eis mit einem Hobel abzuschaben und mit Fruchtsaft zu mischen. Die Nachbarn waren begeistert über diese Erfrischung und riefen den ganzen Tag: »Gratta Checca!«

Maria Moscaroli ist eine Koryphäe, wenn es um die Grattachecca geht. Schließlich hat ihre Mutter namens Lella den Kiosk 1936 aufgemacht, weshalb er noch heute Grattachecca Sora Lella heißt. »Ich begann hier zu arbeiten, als ich zehn Jahre alt war und noch nicht über den Tresen schauen konnte«, erzählt Maria Moscaroli. Heute führt die gelernte Restauratorin mit ihrem Mann den Kiosk und bereitet von Ostern bis in den Spätherbst Grattachecca zu.

Fast zwei Dutzend Aromen hat die herzliche Römerin im Angebot. Da ihr Kiosk nur wenige Meter von einem Eingang zum Vatikan entfernt liegt, erfrischt sich die Schweizergarde gerne bei ihr. Auch der eine oder andere Kardinal ist schon vorbeigekommen. Dann flüstert Maria Moscaroli, als verrate sie ein Geheimnis: »Einmal habe ich Papst Franziskus eine Grattachecca geschickt. Er wollte einen Mix aus Zitrone, Kokosnuss und Amarena.«

26

BUSSE 30, 69 U. A. BIS MAZZINI/CALBOLI
ODER 280 U. A. BIS OSLAVIA/MAZZINI

Caffè und Kuchen

VIA SABOTINI 19/29
WWW.ANTONINIROMA.IT
TGL. 7–21 UHR

»It's coffee time, it's coffee time«, sang Pino Daniele in seinem Song »Coffee Time«. Der in Rom lebende Cantautore liebte es, mit Sohn und Tochter in die Bar Pasticceria Antonini zu gehen, um sich einen Teller mit verschiedenen Gebäcken zu gönnen. Das Antonini im Stadtteil Prati ist nicht einfach irgendein Café, sondern eine Institution, die Generationen von Römern aufgesucht haben – als Bambini mit den Großeltern zum Nachmittagskaffee oder als Senioren für einen Aperitif vor dem Abendessen.

Nanni Moretti hat eine Szene seines Films *Goldene Träume* im Antonini gedreht, wobei den Torten die Hauptrollen zukom-

men. Besonders hat es dem Kult-Regisseur und Schauspieler »la Sácher Tórte« angetan, deren Namen er unnachahmlich italienisch und mit geradezu frivoler Lust ausspricht. Die Sacher-Torte ist auch heute noch ein Star des Cafés, neben den gefüllten Cornetti, Petit Fours, Beignets, Torte della Nonna, Windbeuteln, Quarktörtchen, dem aus Neapel stammenden babà oder der bavarese, vulgo Bayerischen Creme.

Junge und alte Römer drängen sich ständig vor den endlosen Vitrinen und wählen ihre Lieblingsstücke aus, um sie, vorsichtig wie Preziosen, nach Hause zu tragen oder auf der Terrasse an Tischen mit leuchtend roten Decken zu verzehren.

Wer es lieber salzig mag, kommt im Antonini ebenfalls auf seine Kosten. Die frisch gebackenen, etwa mit Langustenfleisch belegten Tartine (Kanapees) gelten als die besten der Stadt. Auch Supplì, frittierte Reiskroketten, oder Cornetti farciti, mit Gemüse, Schinken oder Mozzarella gefüllte Mini-Hörnchen, bestellen die Römer hier zum Cocktail.

Als Giorgio Antonini 1928 sein Lokal eröffnete, war die Auswahl noch bescheiden: Ricotta, Honig und Brot zum Frühstück. Basta. Dann kamen kleine Mittagessen hinzu, Kuchen für den Nachmittag und schließlich die Aperitifs. Irgendwann arbeitete die Familie von morgens bis mitternachts. Wobei die Gäste bereits zum Frühstück zwischen 30 verschiedenen Cornetti-Arten wählen können.

Giorgio Antonini widmete sein Leben der Aufgabe, sein Café zu einem der Treffpunkte Pratis zu machen. Heute wird sein Werk von anderen weitergeführt. Viele Gäste aus den umliegenden eleganten Wohnstraßen sind nach wie vor begeistert. Andere bemängeln, der Geist des alten Antonini fehle, der Service sei schlampiger geworden. Schon Pino Daniele sang: »Niente è come prima.« – »Nichts ist mehr wie früher.«

27

Die Burg des Engels

Sie sind überall in der Stadt zugange. Manche stehen auf den Balustraden der Paläste, andere sind in Parks gelandet oder haben sich in den Friedhöfen niedergelassen. Wieder andere fliegen durch die Kuppeln der Barockkirchen, gern auch in ganzen Schwärmen. Die Engel gehören zu Rom wie der Papst und der Tiber, und es ließe sich leicht ein ganzer Stadtführer ausschließlich über die gefiederten Himmelsboten schreiben. Wir aber wollen heute einen besonders geschichtsträchtigen Engel aufsuchen, den Erzengel Michael auf der Engelsburg.

Von weitem sieht das Castel Sant'Angelo aus wie ein Kochtopf mit einem Deckel, als des-

LUNGOTEVERE CASTELLO 50
WWW.CASTELSANTANGELO.COM
DI – SO 9-19.30 UHR
EINTRITT: 10 EURO; JUGENDLICHE BIS 25
JAHRE UND PENSIONÄRE: 5 EURO;
MINDERJÄHRIGE: FREI

TIPP

DAS RESTAURANT CAPRICCI SICILIANI IN DER VIA DI PANICO 83 IST EINE GUTE ALTERNATIVE FÜR ALLE, DIE EINMAL NICHT RÖMISCH ESSEN MÖCHTEN.

sen Griff ein Engel dient. Den Ursprungsbau ließ der römische Kaiser Hadrian als Mausoleum für sich und seine Nachfolger errichten. Dabei orientierte er sich an der Form von Etruskergräbern. Später diente die Engelsburg als Fluchtburg und Luxusresidenz der Päpste, bevor sie zum Gefängnis und zum Museum wurde, das auf fünf Ebenen einen Einblick in zwei Jahrtausende Stadtgeschichte gibt.

Wir aber eilen sofort über die Rampen und Treppen hinauf zur Terrasse, von der Puccini seine Tosca stürzen ließ. Hier wacht, auf einem Podest, der Erzengel Michael über Rom. Er hält ein Schwert in der rechten Hand und ist gerade dabei, es in die Scheide zurückzustecken.

Der Blick auf die Stadt und der Anblick des Engels sind in den Abendstunden besonders schön, wenn der Himmel über Rom wie in Flammen steht. So ähnlich muss die Stimmung am 29. August 590 gewesen sein. In Rom wütete die Pest. Papst Gregor der Große führte eine Prozession zum Grab des Apostels Petrus an, um Gott um Erbarmen zu bitten. Als die Menschen am Mausoleum des Hadrians vorbeizogen, hatten sie eine Vision. Am Himmel über dem Grabmal erschien ein Engel, der sein Flammenschwert in die Scheide steckte.

Der Papst wusste das Zeichen zu deuten. Gott war besänftigt. Und die Pest ging vorbei.

Im Gedenken an dieses Wunder stellten die Römer später einen Holzengel auf das zur Zitadelle gewordene Mausoleum. Doch der Erzengel Michael hatte keinen leichten Stand. Die von Wind und Wetter beschädigte Statue musste durch einen Engel aus Marmor ersetzt werden, der bei einer Belagerung zerbrach und 1453 durch einen weiteren Marmor-Michael ersetzt wurde. Bald darauf entzündete ein Blitz ein Pulverdepot im Castel Sant'Angelo. Die folgende Explosion zerstörte den Engel schon wieder.

Diesmal setzten die Römer auf eine Statue aus vergoldeter Bronze. Als die Landsknechte Kaiser Karls V. die Engelsburg stürmten, wurde die Statue in Kanonenkugeln umgeschmolzen und später durch eine Marmorstatue mit Bronzeflügeln ersetzt, die heute weiter unten, im Cortile dell'Angelo, zu sehen ist.

Oben wacht nun ein Bronze-Michael, den der flämische Bildhauer Peter Anton von Verschaffelt 1753 erschaffen hat. Bewusst oder unbewusst leben die Römer mit dem Gefühl, von diesem Engel beschützt zu werden. Sie hoffen, dass er sein Schwert nie wieder aus der Scheide ziehen muss.

Renaissance einer Piazza

TIPPS

AKTUELLE FILME IN ITALIENISCHER
SPRACHE WERDEN IN DEN VIELEN SÄLEN
DES TEATRO ADRIANO GEZEIGT:
WWW.FERREROCINEMAS.COM/ADRIANO

EINE GUT SORTIERTE WEINHANDLUNG
IN OPULENTEM AMBIENTE IST DIE
ENOTECA COSTANTINI AN DER
PIAZZA CAVOUR 16:
WWW.PIEROCOSTANTINI.IT

Camillo Benso Graf von Cavour kann zufrieden von seinem Sockel auf die Piazza blicken. Was der Architekt der italienischen Einheit da sieht, stellt seinem Land und dessen Hauptstadt ein gutes Zeugnis aus. Eine gepflegte Parkanlage mit herrlichen Palmen erstreckt sich vom neobarocken Travertingebirge des Justizpalastes bis zum eleganten, an die Renaissance erinnernden Teatro Adriano. Tagsüber sitzen hier Richter und Anwälte bei einem Sandwich auf den Bänken, nachts treffen sich die jungen Römer vor dem Adriano, das heute eines der größten Kinos der Stadt ist.

Die Römer sind die schärfsten Kritiker Roms. Hingebungsvoll

Kot von Staren und Tauben lag zentimeterdick auf den Bänken und ein infernalischer Verkehr dröhnte um die Piazza herum. Doch dann diese Wiederauferstehung, die den Römern zeigt: Sie können es doch. Die Tiefgarage ist fertig, der Platz wieder geöffnet, der Verkehr ausgedünnt. Eine mediterrane Eleganz, die man von Nizza her kennt, liegt über der Piazza. Das hat ganz Prati aufgewertet, das Gründerzeitviertel auf dem rechten Tiberufer. Die verschlafene Bürgerlichkeit früherer Jahre wird durch neue Pubs, Restaurants und Clubs aufgelockert. Die Via Cola di Rienzo, die Hauptachse des Viertels, eignet sich gut für einen Einkaufsbummel. Sie ist nicht so laut wie die Via del Corso im Zentrum und nicht so teuer wie die Via dei Condotti bei der Spanischen Treppe.

Prati und seine Piazza Cavour sind wieder en vogue in Rom. Hier zumindest darf man dem Grafen von Cavour zustimmen, der sagte: »Italien ist geschaffen, alles ist in Ordnung.«

beklagen sie den Schmutz, die Löcher in den Straßen, das Verkehrschaos und die Ungezogenheit – der Römer. Die Piazza Cavour, Ende des 19. Jahrhunderts als prächtiger Salon der neuen Hauptstadt gestaltet, galt nach der Jahrtausendwende als Symbol des »degrado«, des Verfalls Roms. Endlose Jahre kamen die Arbeiten an einer unterirdischen Tiefgarage nicht voran. Ein großer Teil des Platzes war mit Baugittern abgesperrt. Der

Schlemmen bei Franchi

VIA COLA DI RIENZO 200
MO - MI UND FR - SA 9.30-23 UHR;
DO UND SO GESCHLOSSEN

TIPP

EIN TRENDIGES LOKAL MIT RUNDUM-
VERSORGUNG VOM FRÜHSTÜCK BIS
ZUM LETZTEN DRINK IST DAS LA ZANZARA
BISTROT IN DER VIA CRESCENZIO 84:
WWW.LAZANZARAROMA.COM

Es soll ja Leute geben, die das Schlaraffenland für eine Erfindung halten. Sie waren noch nicht bei Franchi. Hier hängen Schinkenkeulen von der Decke, locken Langustenschwänze aus den Vitrinen, duftet Käse um die Wette mit in Olivenöl und Knoblauch eingelegten Auberginen. Verkäufer mit dunklen Krawatten zum weißen Kittel reichen mit Ragout gefüllte Reisbällchen über die Theke, während sich draußen die Passanten die Nasen an den Schaufenstern plattdrücken, um Körbe mit Trüffelpilzen, bauchiggrüne Spumante-Flaschen oder Schokoladen aus auserlesenen Kakaobohnen zu begutachten.

Da Franchi ist nicht einfach nur ein Feinkostgeschäft. Es ist seit

mehr als 90 Jahren Alimentari, Bistro, Weinhandlung, Fresstempel und Sehnsuchtsort in einem. Hier gehen die Römer mit gierigen Gesichtern hinein und kommen mit zufriedenem Schmunzeln wieder heraus. Hier gibt es Porchetta aus Ariccia und Kaviar aus Iran. Da wetteifern zahlreiche Salami-Sorten miteinander, dort locken frittierte Tintenfische, Vitello tonnato und gefüllte Paprikaschoten. Was nicht sofort verspeist wird, die erlesenen Pasta-Sorten etwa, wird später zu Hause in ein pranzo oder eine cena verwandelt.

Die supplì, frittierte Reiskroketten, mit Kalbsbries und Leber gefüllt, gelten als die besten der Stadt. Der heiße Mozzarella in ihnen zieht beim Abbeißen wunderbare Fäden. Sie sind müde, kulturübersättigt und ausgehungert nach einem langen Tag in Rom? Schauen Sie einfach in der Gastronomia Franchi vorbei. Buon appetito.

Marsfeld und Villa Borghese

Immer informiert – die Edicola

Wenige Römer haben eine Tageszeitung abonniert. Aber viele gehen Tag für Tag zu ihrer Edicola di giornali, um eine zu kaufen. Ein Grund dafür mag sein, dass die dunkelgrünen, nostalgisch anmutenden Zeitungskioske ein Treffpunkt sind, wo sich immer jemand für einen Plausch findet, ein Nachbar, ein Fremder oder der Zeitungsverkäufer selbst. Römer sind gern »in compagnia«, in Gesellschaft. Deswegen ist die Edicola beliebter als ein Abonnement.

Allerdings wird in Italien weniger gelesen als in anderen europäischen Ländern. Trotzdem gibt es bei den Zeitungen einige Auswahl. Da wären die Traditions- und Qualitätsblätter *Corriere del-*

PIAZZA SAN LORENZO IN LUCINA

la Sera und *La Stampa* aus den Wirtschaftsmetropolen Mailand und Turin; die rechte Zeitung *Il Giornale* aus dem Hause Berlusconi; oder die linke *Repubblica*, die Silvio Berlusconi bekämpft. Hinzu kommen viele Regionalblätter und unzählige Magazine, die sich jedem mehr oder weniger ehrenwerten Interesse widmen.

Die Edicole sind jedoch nicht nur Zeitungskioske, sondern auch Wundertüten. Hier gibt es eigentlich alles: Bonbons, Lose, Fahrkarten, Stadtpläne, Filme, Spielsachen, Plüschtiere, Hefte, Stifte, Chips – und Ratschläge für alle Lebenslagen.

Ein kräftiger Herr mit markantem Römer-Gesicht, der sich jo-vial als Mirko vorstellt, steht in der schmucken, im Stil einer Pagode erbauten Edicola auf der Piazza San Lorenzo in Lucina und späht aus den drei Fenstern zwischen den bunten Druckwaren hervor wie ein Habicht aus seinem Nest. »Ich muss unglaublich aufpassen«, sagt er, »denn hier wird ständig was geklaut.« Meistens seien es Kinder, die etwas mitgehen ließen. »Die meinen es nicht einmal böse.« Doch das macht das ohnehin harte Geschäft noch schwieriger. Das Internet zieht viel Umsatz von den Kiosken ab, nicht nur bei Porno-Produkten. Mehr als 150 Edicole hätten in den vergangenen Jahren in Rom schließen müssen, sagt Mirko. Immerhin 950 gebe es noch, und das sei zu viel Konkurrenz.

Ein Priester kommt und kauft ein Exemplar der Zeitschrift *Oggi* mit dem Papst auf dem Titelblatt. Ein Asiate fragt, was für eine Briefmarke er auf eine Postkarte nach Taiwan kleben müsse. Ein Amerikaner erkundigt sich nach dem richtigen Bus zum Kolosseum, und eine Frau aus der Gegend klagt über ihre unzuverlässige Putzhilfe im Besonderen und die schlechten Zeiten im Allgemeinen.

Mirko, der sich im Dienst mit seiner Frau abwechselt, weiß auf alles Antwort, Trost und Rat. Von halb sechs in der Früh bis halb acht Uhr abends steht seine Edicola offen. »Wir sind der Kummerkasten für alle«, seufzt er nicht wirklich betrübt. Dann reicht er wieder eine Zeitung nach draußen und kassiert 1,40 Euro.

31

Krieg und Frieden

Frieden ist möglich, das hat Kaiser Augustus bewiesen. Er sorgte, jedenfalls im Inneren des Römischen Reiches, für Stabilität, kulturelle Blüte und Wohlstand. Pax Augusta nannten die Römer diese Ära. Zum Dank dafür erbauten sie Augustus einen prachtvollen Friedensaltar, den Ara Pacis. Glänzend restauriert mahnt er heutige Generationen dazu, ebenfalls Frieden zu schaffen und zu erhalten.

Klares Licht fällt durch die Fenster des modernen weißen Flachbaus herein, der den zwei Jahrtausende alten Altar vor Regen und Abgasen schützt. Besucher können – an Montagvormittagen oft fast allein – über eine Treppe in den Altar hineingehen und

ECKE LUNGOTEVERE IN AUGUSTA /
VIA TOMACELLI
WWW.ARAPACIS.IT
TGL. 9.30-19.30 UHR
EINTRITT: 10,50 EURO; KINDER UND
JUGENDLICHE BIS 25 JAHRE: 8,50 EURO;
KINDER UNTER 6 JAHRE: FREI

TIPP

HINTER DEM ARA PACIS LIEGT
DAS MAUSOLEUM DES KAISERS AUGUSTUS.
ES IST WEGEN RESTAURIERUNG
GESCHLOSSEN, KANN ABER VON
AUSSEN BESICHTIGT WERDEN.

darum herum laufen, um die fein aus dem Carrara-Marmor gearbeiteten Reliefs zu betrachten. Sie zeigen Augustus und dessen Familie beim Opfer an die Götter, Legenden von der Gründung Roms und Blumenmotive, die das Aufblühen des Reichs symbolisieren. Nachts lässt sich der angestrahlte Altar auch gut von draußen bewundern.

Der Ara Pacis stand ursprünglich an anderer Stelle auf dem Marsfeld. Durch Überschwemmungen und Schlammablagerungen des Tibers wurde er allmählich verschüttet und anschließend überbaut. Seit dem 16. Jahrhundert kamen bei Arbeiten immer mal wieder Fragmente des Altars zum Vorschein. 1903 begannen

systematische Grabungen. Diese bedrohten die Stabilität des Palazzo, der über dem Ara Pacis stand. Schließlich entdeckten die Techniker eine stark wasserführende Erdschicht zwischen Altar und Palazzo. Sie froren diese ein und konnten so den Ara Pacis bergen. Dann wurden die in der Welt verstreuten Fragmente zurückgeholt oder durch Gipsabgüsse ersetzt. 1938 wurde der Altar an der heutigen Stelle in einem Pavillon aufgestellt.

Der Ara Pacis fand damit jedoch noch keinen Frieden. Vom Zweiten Weltkrieg beschädigt, bewahrte der Pavillon das Kunstwerk nicht mehr vor Feuchtigkeit und Smog. Die Stadt beauftragte den New Yorker Star-Architekten Richard Meier, eine neue Hülle zu errichten. Daraufhin verwirklichte Meier 2006 den ersten bedeutenden modernen Bau in der römischen Altstadt seit Jahrzehnten. Er passt sich in seiner unaufdringlichen Eleganz hervorragend dem Altar und den umliegenden Bauten an.

Doch das ist natürlich Geschmackssache. Daher löste Meiers Werk einen Kulturkrieg in Rom aus. Viele Römer fanden, die neue Hülle des Ara Pacis störe das harmonische, von der Geschichte geprägte Stadtbild. Gianni Alemanno, von 2008 bis 2013 Bürgermeister, bezeichnete die neue Hülle als »Beleidigung der Stadt« und kündigte an, sie abreißen zu lassen. Doch dafür fehlte ihm dann das Geld.

Zur Cena bei Gino

VICOLO ROSINI 4
MO – SA 13 BIS 14.30 UND 20–22.30 UHR
TISCHRESERVIERUNG SEHR EMPFOHLEN

TIPP

IN DER NÄHE LOCKT DIE JUGENDSTIL-
PASSAGE GALLERIA ALBERTO SORDI
AN DER PIAZZA COLONNA ZU EINEM
EINKAUFSBUMMEL.

Wer sich ein bisschen in Rom auskennt, kommt in die Verlegenheit, von Bekannten gefragt zu werden, in welchem Restaurant man denn noch die wirklich ganz und gar genuin-authentisch-römische Küche vorgesetzt bekomme. Was soll man da empfehlen? Einerseits gibt es auch im überlaufenen Centro Storico weiterhin viele Lokale, die eine ordentliche bis hervorragende Küche pflegen. Richtig schlecht isst man in Italien eher selten, dafür ist den Italienern das Essen einfach zu wichtig. Doch welches Restaurant sticht aus der Fülle der guten und »authentischen« in Rom heraus?
Eine Möglichkeit wäre es, der eigenen Nase nachzugehen. Eine

andere, denen zu folgen, die etwas vom römischen Essen verstehen. Das sind die Onorevoli, die Ehrenhaften, wie die Abgeordneten genannt werden. Sie sitzen im Palazzo di Montecitorio und plagen sich mehr oder weniger damit ab, ihr Land zu reformieren. Zum Ausgleich für die Mühen schwärmen sie gern in die Umgebung für ein pranzo, ein Mittagessen, oder eine cena, ein Abendessen, aus. Dabei schätzen sie es, wenn die Lokale ein wenig versteckt liegen – und natürlich gut sind.

Diese Anforderungen erfüllt die Trattoria da Gino, die im verborgenen Gässchen Vicolo Rosini nahe der Piazza del Parlamento liegt. »Bottigleria« steht über der von Kübelpflanzen umwachsenen Tür. Wer nicht reserviert hat, wird oft lange davor stehen bleiben.

Drinnen sitzt man gemütlich und eng an kleinen Tischen zwischen Veduten von Italien. Die Kellner sind freundlich und flink und sehen sich – wie die meisten guten camerieri in Italien – nicht nur als Dienstleister, sondern auch als Künstler. Ihre Kunst ist das Schauspiel, und der Speisesaal ist ihre Bühne. So lockern sie die Wartezeit mit der einen oder anderen battuta (einem schlagfertigen Witz) auf, etwa wenn sie empfehlen: »Nehmen Sie die Tonnarelli. Heute hat der Koch seinen schlechten Tag. Deshalb sind sie gut geworden.«

Die preislich nicht unbedingt günstige, aber moderate Küche ist dezidiert römisch. Zu Recht hoch gelobt ist die hausgemachte Pasta, sei es in Form der Penne all'arrabbiata, der Ravioli di ricotta e spinaci oder der Spaghetti all'amatriciana. Ein Klassiker bei den Hauptgerichten ist Manzo bollito picchiapò, gekochtes Rindfleisch mit Tomaten und Zwiebeln. Außerdem gibt es Rindsrouladen, Lammbraten, Hacksteak mit gefüllten Zucchini oder Trippa alla romana (Kutteln). Zum Nachtisch noch ein Tiramisu. Danach lässt sich würdigen, warum Gino Del Grosso, der Gründer der Trattoria, für seine Verdienste zum Cavaliere (Ritter der Arbeit) geschlagen wurde.

Das Kino
in der Unterwelt

Der Schriftsteller Marco Lodoli nennt es »das außergewöhn-
lichste Kino der Welt«. Nun ist
Lodoli Römer und Lokalpatriot,
weshalb man vielleicht einige
Abstriche machen muss. Aber
ungewöhnlich ist das Cinema
Trevi allemal; und auch für Reisende, die nicht Italienisch verstehen, lohnt ein Besuch, zumal
dieses kleine Kino einen Einblick
in die römische Unterwelt gewährt.
Wer Rom besichtigt, läuft über
dicke Schichten aus Geschichte.
Seit annähernd drei Jahrtausen-
den wird hier gebaut, zerstört
und auf den Trümmern Neues
errichtet. Das ist ein Reichtum,
aber auch eine Belastung, zum
Beispiel, weil der Metro-Bau

CINEMA TREVI
VICOLO DEL PUTTARELLO 25
WWW.FONDAZIONECSC.IT

CITTÀ DELL'ACQUA
DI - FR 11-17.30 UHR; SA - SO 11-19 UHR
EINTRITT: 3 EURO; SCHÜLER/STUDENTEN
UND SENIOREN: 1,50 EURO; KINDER
UNTER 14 JAHRE: FREI

nur ganz langsam vorankommt. Ständig werden im Untergrund Schätze entdeckt – und die Archäologen bremsen die Arbeiter aus.

Ähnlich ist es dem Cinema Trevi ergangen, das nicht leicht zu finden ist. Dabei liegt es praktisch unmittelbar an einem Ort, an dem der Massentourismus tollste Kapriolen schlägt. Um die Fontana di Trevi drängen sich so viele Touristen, dass kaum ein Durchkommen ist. Viele werfen eine Münze in den Brunnen, um nach Rom wiederzukehren; noch mehr haben jene Szene im Kopf, die zur Ikone der Filmgeschichte geworden ist: Anita Ekberg, die in einer Sommernacht im ebenso langen wie tief ausgeschnittenen Abendkleid durch den Brunnen tänzelt und Marcello Mastroianni lockt: »Marcello! Come here!« La dolce vita, wie es wirklich war? Bis auf die letzte Einstellung wurde diese Szene gar nicht im echten Trevi-Brunnen gedreht, sondern in einer Nachbildung draußen, in den römischen Filmstudios namens Cinecittà. Aber das ist Filmgeschichte – und genau darum geht es jetzt. Man wendet dem trügerischen Trevi-Brunnen den Rücken zu, und nimmt zur Linken die Straße Via di S. Vincenzo wahr. Nach wenigen Metern zweigt links ein Gässchen ab, der Vicolo dei Modelli. An dessen Ende geht es rechts in den Vicolo del Puttarello. Hier, in Hausnummer 25, stand einst ein in die Jahre gekommenes Kino. Bei einer Modernisierung stießen die Arbeiter auf antike Mauerreste. Eine Zeit der Entdeckungen begann.

Nach und nach legten die Archäologen die Geschichte dieses Ortes frei. Im ersten Jahrhundert, nach dem großen Brand Roms während der Herrschaft Kaiser Neros, wurde hier eine dreistöckige insula, ein Mietshaus für weniger Begüterte, gebaut. Im folgenden Jahrhundert kam ein Wasserspeicher hinzu, der 150 000 Liter fassen konnte und von einem Aquädukt gespeist wurde. Im vierten Jahrhundert wurde die insula in ein domus, ein Herrenhaus, umgebaut, samt Toiletten mit Waschbecken. Die Römer des Mittelalters bauten auf den Trümmern neue Häuser auf.

Die »Città dell'Acqua«, die Wasserstadt, steht für Besichtigungen offen. Zudem wurde eine faszinierende Lösung gefunden, um Kino und Archäologie miteinander zu verbinden. Die rechte Längsseite des Vorführraumes besteht aus Panoramafenstern, durch die die Besucher aus bequemen roten Ledersesseln in die Wasserstadt blicken können, während sie auf den Filmbeginn warten.

So ein Ort verpflichtet. Im Cinema Trevi werden daher nicht irgendwelche Hollywood-Blockbuster gezeigt, sondern Werke italienischer Filmkunst. Das nationale Filmarchiv zeigt täglich Schätze aus seinen Beständen. Während draußen das Chaos an der Fontana di Trevi tobt, lassen sich hier in Ruhe Meisterwerke Pier Paolo Pasolinis, Michelangelo Antonionis oder Federico Fellinis betrachten. Der Eintritt ist kostenlos.

Zu Gast bei den de Chiricos

PIAZZA DI SPAGNA 31
WWW.FONDAZIONEDECHIRICO.ORG/
CASA-MUSEO
BESICHTIGUNG NUR NACH VORANMELDUNG
AUF DER INTERNETSEITE

TIPP

AN DER VIA DEL CORSO 18 KANN DIE CASA
DI GOETHE BESICHTIGT WERDEN, EIN
DEUTSCHES MUSEUM UND KULTURZENTRUM
IN DEM HAUS, DAS JOHANN WOLFGANG VON
GOETHE WÄHREND SEINER ITALIENREISE
VON 1786 BIS 1788 BEWOHNTE.
WWW.CASADIGOETHE.IT

»Zum Glück habe ich eines Tages erfahren, dass an der Piazza di Spagna eine Wohnung zu vermieten war, die sich über zwei Stockwerke erstreckte und eine große Terrasse hatte, von denen aus ganz Rom zu sehen war«, schrieb Giorgio de Chirico in seinen Memoiren. Der Maler war 60 Jahre alt, als er sich 1948 in diese Wohnung verliebte, obwohl sie heruntergekommen und mit Ungeziefer verseucht war. Rom betrachtete sich als Nabel der Welt, und die Piazza di Spagna galt als künstlerisches Zentrum Roms. »Meine Frau und ich würden also im Zentrum des Zentrums der Welt leben.« Gesagt, getan. Giorgio de Chirico ließ das Apartment renovieren,

zog mit seiner Frau Isabella ein und lebte und arbeitete 30 Jahre lang bis zu seinem Tod darin. Heute ist die Maisonette-Wohnung an der Piazza di Spagna 31 ein Museumshaus, das Einblicke in Werk und Leben dieses Meisters der metaphysischen Malerei gewährt.

Das untere Stockwerk mit dem großbürgerlichen Salon besticht durch die vielen Gemälde Giorgio de Chiricos, die an den Wänden hängen und aus unterschiedlichen Werksperioden stammen. Da wären Porträts Isabellas, Selbstporträts, Stillleben und jene seltsamen metaphysischen Bilder, in denen die Gesetze von Raum und Zeit aufgehoben sind und die unerklärliche Logik des Traums gilt. Gliederpuppen und sachliche Bauten stehen in einem kalten, klaren Licht, das eine magische Wirkung erzeugt.

Im Stockwerk darüber geht es intimer zu. Hier ist das spartanische Schlafzimmer des Meisters zu sehen, vor allem aber sein Atelier, das aussieht, als würde er jeden Moment wiederkommen. Da stehen zwei Staffeleien mit Leinwänden, dort liegen die Pinsel, Kohlestifte, Buntstifte, Lösungsmittel und Paletten. Und dann ist da noch eine verschmierte Holzkiste mit Farbtuben, aus denen Giorgio de Chirico seine Werke schuf, getreu seinem Motto: »Wenn ein Kunstwerk wirklich unsterblich sein soll, muss es alle Schranken des Menschlichen sprengen: Es darf weder Vernunft noch Logik haben. Auf diese Weise kommt es dem Traume und dem Geiste des Kindes nahe.«

Carpaccio mit Kardinal

Es mag etwas irritierend sein, zu Abend zu essen, während einem ein spitzbärtiger Kardinal auf den Teller schaut oder ein Papst auf einen herabblickt. Doch spätestens beim Hauptgang hat man sich daran gewöhnt. Es wäre auch zu schade, sich das Kraken-Carpaccio mit rosa Pfeffer und Zitronensauce oder die Tagliolini mit Krebsen und Pesto entgehen zu lassen, nur weil auch Dante Alighieri, Simón Bolivar und König Viktor Emanuel II. anwesend sind. Wo wir da hineingeraten sind? In ein Museums-Restaurant der besonderen Art.

Im Ristorante Atelier Canova Tadolini speisen die Gäste nicht in einem abgetrennten Raum, vor oder nach dem Kunstgenuss.

VIA DEL BABUINO 150/A-B
WWW.CANOVATADOLINI.COM/
CAFFETTERIA TGL. 8-24 UHR
RISTORANTE TGL. 12-23 UHR

Die Esstische sind vielmehr kreuz und quer im Atelier verstreut, zwischen überlebensgroßenGips-Statuen, Bronze-Skulpturen oder Marmor-Büsten. Hier sitzt ein Krieger hoch zu Ross, dort fliegt ein Engel auf eine nackte Schönheit zu. Annähernd zehn solcher Räume sind zu entdecken, sie dienen als Diele, Bar, Cafeteria und Restaurant.

Die Via del Babuino, in der das Atelier-Restaurant liegt, ist heute Teil des eleganten Wohn- und Geschäftsviertels zwischen Piazza di Spagna und Piazza del Popolo. In früheren Zeiten war dies jedoch ein Künstlerviertel, beliebt besonders bei Ausländern. Der französische Maler Nicolas Poussin und der österreichisch-ungarische Komponist Franz Liszt lebten in der Straße, Johann Wolfgang von Goethe ganz in der Nähe.

Auch der italienische Bildhauer Antonio Canova, ein Künstler des Klassizismus, ließ sich hier nieder. Er richtete sich in der Via del Babuino 150 sein Atelierhaus ein. Canova war ein erfolgreicher Mann und verkaufte seine Werke in die ganze Welt. Als er 1822 starb, übernahm sein Lieblingsschüler Adamo Tadolini das Atelier. Ihm folgten drei weitere Tadolini-Generationen, bis 1967 der letzte Bildhauer aus der Familie starb.

Das Atelier blieb lange verlassen. Ende der neunziger Jahre wollten die Eigentümer des Hauses die 400 Kunstwerke Canovas und der diversen Tadolinis wegschaffen, um das Gebäude an eine japanische Autofirma zu vermieten. Doch da hatten sie die Rechnung ohne Ida Benucci gemacht. Die Antiquitätenhändlerin aus der Nachbarschaft kaufte den Künstlernachlass auf und setzte im Kulturministerium durch, dass die Werke im Haus bleiben durften.

Nur: Wie sollte Signora Benucci die Miete bezahlen? Da stieß sie im Archiv des Studios auf eine Rezeptsammlung. Die Idee eines Atelier-Restaurants war geboren. So kann man heute in Rom umringt von Päpsten und Kardinälen fürstlich speisen.

36

ZUM AUSGANGSPUNKT: METRO-LINIE A FLAMINIO ODER BUSSE C3, 89, 61, 628 U. A. BIS P.LE FLAMINIO

Spaziergang zur Treppe

CAFFÈ CIAMPINI
PIAZZA TRINITÀ DEI MONTI
WWW.CAFFECIAMPINI.COM
TGL. 8-23 UHR

VILLA MEDICI
WWW.VILLAMEDICI.IT

Rom hat für Reisende, die aus dem Norden kommen, einen Empfangssaal gebaut: die Piazza del Popolo. Die Pilger, die die beschwerlichen Wege Latiums hinter sich hatten, sollten sofort merken, dass sie im Zentrum der Welt angekommen waren: in Rom, der Grabstätte des Apostel Petrus und dem Sitz seiner Nachfolger, der Päpste, die sich als Stellvertreter Christi auf Erden fühlen. Da galt es, städtebaulich Bella figura zu machen.

Der Überraschungseffekt stellt sich auch heute noch ein, wenn man, wie die Pilger, von der Via Flaminia her kommt. Hinter der Porta Flaminia weitet sich ein enormes Oval, gesäumt von Kirchen und Palästen. Im Zentrum

steht ein 3400 Jahre alter Obelisk, den Augustus aus Ägypten nach Rom schaffen und im Circus Maximus aufstellen ließ. 1589 ordnete Papst Sixtus V. an, ihn hierher zu verpflanzen. Auf der Südseite des Platzes stehen zwei Zwillingskirchen. Auf den ersten Blick scheinen es eineiige Zwillinge zu sein. Doch wer genau hinsieht, bemerkt Unterschiede, was sich für ein Ratespiel nutzen lässt, um einen Besichtigungstag mit Kindern aufzulockern.

Die Piazza del Popolo ist der Ausgangspunkt für diesen Stadtspaziergang. Auf der Ostseite steigt eine grüne Wand aus Steineichen, Zypressen, Pinien und Palmen auf, die wunderbar mit der steinernen Welt des Platzes kontrastiert. Ein Treppenweg führt hinauf auf den Pincio-Hügel. Oben liegt ein großer, mit Parkbänken bestandener Platz, von dessen Balustrade aus sich ein phantastischer Blick auf die Stadt bietet, vor allem abends, wenn sich der Himmel hinter der Kuppel des Petersdoms mit rötlichen Schleiern überzieht. Pärchen stellen sich für ein Selfie in Position. Ein Pianist lässt die Melodie von »Arrivederci Roma« erklingen.

Ein paar Schritte weiter Richtung Süden öffnen sich neue Ausblicke. Die flache Kuppel des Pantheons ist in der römischen Dächerlandschaft zu erkennen. Vom Turm des Quirinalspalastes weht die Trikolore. Ein Schild weist Richtung Piazza di Spagna. Eine breite Straße stößt kurz darauf auf den Viale Gabriele D'Annunzio, den es Richtung Süden geht, hoch über der Stadt. Von hier aus lassen sich Entdeckungen machen, die drunten in den Straßenschluchten kaum zu erahnen sind: Dachterrassen, das Sehnsuchtsziel fast aller, die eine Wohnung in Rom suchen. Hier steht eine Couch zwischen Kübeln mit Oleandern und Zwergpalmen, dort überwuchert Blauregen einen lauschigen Freisitz. Dann taucht das Caffè Ciampini auf, mit Bar, Eiscafé und Restaurant. Sein Trumpf? Die Terrasse. Das Tartufo al Cioccolato mit bella vista hat seinen Preis.

Ein paar Meter weiter steht zur Linken die trutzige Villa Medici. Im ersten Jahrhundert vor Christus hat hier der Feldherr Lucullus opulente Gelage gefeiert. Auf den Resten seines Palastes wurde im 16. Jahrhundert die Villa erbaut und nach einem Kardinal aus dem Hause Medici benannt. 1633 wurde Galileo Galilei von der Inquisition vorübergehend in dem Palast eingesperrt. 1803 machte Napoleon die Villa zum Sitz des Studienzentrums Académie de France. Zwei Jahre können französische Künstler, Schriftsteller oder Regisseure hier verbringen. Außerdem organisiert die Akademie Ausstellungen und Konzerte. Der Garten ist besonders sehenswert.

Doch nun lockt ein Höhepunkt Roms: die berühmteste Freitreppe der Welt. Man schreitet die 135 Stufen der Spanischen Treppe hinunter und mag sich, für Momente, wie ein Filmstar fühlen. Unten, auf der Piazza di Spagna, taucht man wieder in die Masse der Normalsterblichen ein. Auf der Via del Babuino geht es zurück zur Piazza del Popolo.

37

Das Lächeln der Etrusker

PIAZZALE DI VILLA GIULIA 9
WWW.VILLAGIULIA.BENICULTURALI.IT
DI - SO 8.30-19.30 UHR
EINTRITT: 8 EURO; JUGENDLICHE VON
18 BIS 25 JAHRE UND SENIOREN: 4 EURO;
KINDER UND JUGENDLICHE
UNTER 18 JAHRE: FREI

TIPP

EINE STADTRUNDFAHRT MIT DER
TRAMBAHN LINIE 19 VON DER PIAZZA
DEL RISORGIMENTO BEIM VATIKAN ÜBER
DIE VILLA GIULIA UND DIE PORTA
MAGGIORE BIS HINAUS ZUR PIAZZA
DEI GERANI IN DER VORSTADT CENTOCELLE
KOSTET GERADE MAL EINE FAHRKARTE
À 1,50 EURO.

Dem etruskischen Volk wurde übel mitgespielt. Obwohl die Etrusker einen Quell der römischen Zivilisation bildeten und einige frühe Könige Roms stellten, wurden sie von den Römern später aufgesaugt und aus der Geschichte gedrängt. Dies ist allerdings nicht ganz gelungen. Denn seit langem bezaubert die Kultur der Etrusker, die sich vom 8. bis zum 1. Jahrhundert vor Christus in den Gebieten der heutigen Toskana, Umbriens und Latiums entfaltete, die Menschen. Die Etrusker kamen wieder in Mode, weil sie als geheimnisvolles Volk mit raffiniertem Totenkult die Phantasie beflügelten.

Inzwischen haben die Wissen-

schaftler viel über die Etrusker herausgefunden, ihre Sprache ist weitgehend entschlüsselt. Doch ihr Mythos lebt fort. Wer auf Wanderungen rund um Rom auf ihre von Brombeeren überwucherten Gräber stößt, kann sich der Faszination ihrer Geschichte kaum entziehen.

In Rom ist die anmutige Renaissance-Villa von Papst Julius III. den Etruskern gewidmet. Das Museo Nazionale Etrusco di Villa Giulia gehört zu den didaktisch besten Museen Italiens. Der Besucher wird geographisch und thematisch durch die Fülle etruskischer Werke geführt. Er sieht Schätze aus Tarquinia, Cerveteri, Veji oder Pyrgi und folgt den Spuren dieses künstlerisch den Römern überlegenen Volkes zu den Themen Wein, Sport oder Mode.

Weltberühmt ist der Apollo von Veji, eine mehr als 2500 Jahre alte Terrakotta-Statue aus einer der mächtigsten Städte des etruskischen Zwölfstädte-Bundes. Als Krönung des Museums gilt der ebenfalls aus Terrakotta gebrannte »Sarg der Eheleute«. Er zeigt ein liegendes, sich innig zugewandtes Paar, dessen Liebe den Tod überdauert. Der Sarkophag stammt aus der Etruskerstadt Caere, dem heutigen Cerveteri (s. Kapitel 63). Im Garten der Villa Giulia ist ein etruskischer Tempel nachgebaut. Das alles macht Lust, aufzubrechen und die Stätten der Etrusker in den Vulkanlandschaften um Rom zu entdecken.

Ein Brunnen wie ein Gedicht

»Aufsteigt der Strahl und fallend gießt / Er voll der Marmorschale Rund ...« Dieses Ding-Gedicht mit dem Titel »Der römische Brunnen« von Conrad Ferdinand Meyer mussten wir einst im Deutschunterricht analysieren. Tempi passati. Der Wasserstrahl aus dem Brunnen aber strebt immer noch nach oben. Bald schon bremst ihn die Schwerkraft, das Wasser quillt hinab in die erste Schale, fließt über, speist die zweite Schale, die wiederum die dritte flutet. »Und jede nimmt und gibt zugleich / Und strömt und ruht.«

Das Bild, das dem endlosen Geben und Nehmen des Lebens entspricht, lässt sich in der Villa Borghese betrachten, einem der

PIAZZA DEI CAVALLI MARINI

TIPP

DAS GEDICHT VON CONRAD FERDINAND MEYER KANN MAN HIER NACHLESEN: WWW.HOELDERLIN-GESELLSCHAFT.DE/ INDEX.PHP?ID=625&L=4

üppigsten Stadtparks Roms. In der Viale dei Cavalli Marini, in der der gleichnamige Travertin-Brunnen steht, hat sich seit 1882, als Conrad Ferdinand Meyer das Gedicht vollendete, kaum etwas verändert.

Im tiefen Grün des Parks, zwischen Pinien und Steineichen, bäumen sich vier Hippokampen aus einem kreisrunden Wasserbecken empor. Die Fabeltiere, halb Pferd, halb Fisch, tragen die drei übereinander aufsteigenden Schalen auf ihren Köpfen, die Meyer beschreibt. Die Fonta-na dei Cavalli Marini wurde von dem Maler Cristoforo Unterperger entworfen und 1791 von dem Bildhauer Vincenzo Pacetti ausgeführt.

Dieser Brunnen ist ein idealer Ort, um Atem zu schöpfen. Vögel zwitschern in den Bäumen, das Wasser plätschert sanft von Schale zu Schale. Der englische Poet Percy Bysshe Shelley hat geschrieben: »Schon die Brunnen allein rechtfertigen eine Reise nach Rom.« Manchmal genügt schon ein einziger.

39

Ein Platz
für wilde Tiere

Aus dem Grün der Pflanzen leuchtet es knallrot hervor. Die Scharlach-Ibisse, die im Geäst herumstaksen, sind so prächtig, als hätten sie sich für einen Opernball eingekleidet. Die Farbe ihrer Federn kommt von den Krustentieren, die die aus Südamerika stammenden Vögel gern fressen. Vom Aussterben bedroht sind sie noch nicht. Doch ihr Lebensraum wird kleiner, weil die Menschen Sümpfe trockenlegen. Der Biopark von Rom, der sich an den Park der Villa Borghese anschließt, will nicht nur unterhalten, sondern auch informieren. Er ist kein Zoo der alten Schule mehr, wo möglichst viele, möglichst exotische Tiere auf engstem Raum zur Schau gestellt

VIALE DEL GIARDINO ZOOLOGICO 20
WWW.BIOPARCO.IT
TGL. 9.30-17 (SOMMER 19) UHR
EINTRITT: 15 EURO; KINDER BIS
12 JAHRE UND SENIOREN: 12 EURO;
KLEINKINDER: FREI

GIARDINO ZOOLOGICO

werden. Im Biopark ist weniger mehr. Raubkatzen wie Panther und Tiger können in großzügigen Gehegen herumstreifen. Vor allem aber will der Biopark dazu beitragen, dass Arten, die vom Aussterben bedroht sind, doch erhalten bleiben. So nimmt er vom Zoll oder von der Polizei beschlagnahmte Tiere auf. Und er sorgt dafür, dass sich bedrohte Arten wie Rußmangaben (Verwandte der Meerkatzen) oder afrikanische Wildhunde fortpflanzen.

Wer seinen Kindern in Rom allzu viele Kirchen und Museen zugemutet hat, kann sie mit einem Besuch im Biopark entschädigen. In dessen hügeliger Landschaft voller Bäume und blü-

hender Büsche lässt sich schön spazieren gehen. Es gibt einen Lehr-Bauernhof und exzellente Sonderausstellungen, zum Beispiel darüber, wie fremde Arten – Rotfeuerfische etwa – das Mittelmeer kolonialisieren.

Die cremefarbenen Jugendstilbauten des Tierparks erinnern an seine Gründerzeit vor dem Ersten Weltkrieg. Es war der Deutsche Carl Hagenbeck, der den römischen Zoo nach dem Vorbild des Hamburger Tierparks gestaltete. Auch der erste Direktor, Theodor Knottnerus-Meyer, war ein Deutscher. Der römische Zoo überlebte, mit Mühe, die Weltkriege. Ende der neunziger Jahre gab er sich eine neue Philosophie und wurde zum Biopark.

Seitdem hat die Zooverwaltung etliche Gehege hergerichtet oder neu angelegt, in jüngster Zeit etwa für Tiger und Eulen. Viele schlecht behandelte Tiere finden Zuflucht im Biopark. So beschlagnahmte die Forstpolizei ein junges Kuba-Krokodil, das nach Italien geschmuggelt und von einem Bürger in Cremona gehalten worden war. Kuba-Krokodile sind vom Aussterben bedroht. Anlässlich des 100. Geburtstages des Zoos wurde das kleine Krokodil Anfang 2012 Papst Benedikt XVI. geschenkt – symbolisch, versteht sich.

Immerhin wurde das Reptil dem

Papst bei einer Audienz vorgestellt. Bald darauf wurde es im Biopark verabschiedet. Das Musikkorps der Staatspolizei spielte auf, und der kubanische Botschafter am Heiligen Stuhl sagte: »Aus dem illegalen Einwanderer in Italien wird ein legaler Einwohner Kubas.« Dann flog das kleine Krokodil nach Hause.

Um Kolosseum und Stazione Termini

Bei den singenden Schwestern

VIA DEI SANTI QUATTRO 20
WWW.MONACHEAGOSTINIANES
ANTIQUATTROCORONATI.IT
MO - SA 10-11.45 UND
16-17.45 UHR; SO 16-17.45 UHR

TIPP

IN DER NÄHE LIEGT DIE BASILICA DEI
SANTI SILVESTRO E MARTINO AI MONTI
IM VIALE DEL MONTE OPPIO 28. SIE
ENTHÄLT EINEN WUNDERSCHÖNEN
FRESKEN-ZYKLUS AUS DEM 17. JAHR-
HUNDERT, AUF DEM - EINE BESONDERHEIT
FÜR JENE ZEIT - DIE LANDSCHAFTEN
DER RÖMISCHEN CAMPAGNA GANZ
IM VORDERGRUND STEHEN.

Die Klosterkirche Santi Quattro Coronati liegt am Ende einer stillen Straße auf dem Hügel Caelius. Von außen wirkt sie trutzig wie eine Festung, und dieser Eindruck verstärkt sich, wenn man die beiden Höfe durchquert und ins Dunkel des Kircheninneren tritt. Eine schützende Glaubenshöhle tut sich hier auf, geschmückt mit einem Kosmaten-Fußboden und einer Kassettendecke. Wer hierher findet, will meist die Silvester-Kapelle und den Kreuzgang bewundern. Dabei birgt die Basilika noch einen anderen, klingenden, Schatz. Doch davon später.

Zunächst geht es vom Portikus zwischen den beiden Vorhöfen aus in die Kapelle des heiligen

Silvester. Die byzantinischen Fresken zeigen eine folgenreiche Legende der Kirchengeschichte. Sie spielt Anfang des vierten Jahrhunderts während der Christenverfolgung: Kaiser Konstantin ist vom Aussatz befallen. Er lässt Papst Silvester von seinem Zufluchtsort auf dem Monte Soratte (s. Kapitel 64) holen und wird von ihm geheilt. Daraufhin schenkt der Kaiser dem Papst Rom und Italien. Spätere Päpste stützten darauf ihren Anspruch auf ein weltliches Reich und ihr Primat gegenüber den Kaisern.

Ein guter Ort, über die Geschichte nachzusinnen, ist der Kreuzgang, der vom linken Seitenschiff der Kirche aus zu erreichen ist. Zierliche Doppelsäulen umschließen einen Hof mit plätscherndem Brunnen. Auch das Kircheninnere selbst ist ein Ort der Ruhe.

Nur alle paar Stunden, zu den Laudes, zur Terz, Sext, Non und zur Vesper, wird die Stille unterbrochen. Dann gleiten, eine nach der anderen, ein gutes Dutzend Klausurschwestern aus dem Kloster herein. Sie bekreuzigen sich und setzen sich ins Chorgestühl. Kerzen flackern und man hört den eigenen Atem, als plötzlich ein hoher, klarer, reiner Gesang die Basilika erfüllt. Er dient dem Lob Gottes. Die Schwestern in der erleuchteten Apsis scheinen es gar nicht zu bemerken, wenn im dunklen Mittelschiff jemand sitzt und ihnen lauscht.

Piazza Martin Lutero

Als um das Jahr 1511 herum ein junger deutscher Augustiner-mönch namens Martin Luther nach Rom kam, herrschte dort Papst Julius II., der sich fürs Militärische begeisterte und wie ein weltlicher Renaissancefürst prunkte. Martin Luther nannte ihn später einen »Blutsäufer«. Rom bezeichnete er als »Hauptstadt der Laster« und »Sitz des Teufels«. Er hätte es wohl kaum für möglich gehalten, dass in der Stadt am Tiber einmal ein Platz nach ihm benannt werden würde.

Am 16. September 2015 aber, fast ein halbes Jahrtausend, nachdem Luther seine 95 Thesen in Umlauf gebracht hatte, war es so weit: Der römische Bürger-

TIPP

DIE EVANGELISCHE CHRISTUSKIRCHE
IN ROM BEFINDET SICH IN DER
VIA TOSCANA 7.
WWW.EV-LUTH-GEMEINDE-ROM.ORG
JEDEN SONNTAG UM 10 UHR GOTTESDIENST
IN DEUTSCHER SPRACHE.

R.I

PIAZZA
MARTIN LUTERO

TEOLOGO TEDESCO DELLA RIFORMA (1483 - 1546)

meister Ignazio Marino enthüllte auf dem Colle Oppio dicht beim Kolosseum ein Straßenschild. »Piazza Martin Lutero« steht darauf. Und für die, die das gar nicht glauben können, heißt es darunter: »Teologo tedesco della Riforma« (»Deutscher Theologe der Reformation«).

Es ist ein hübscher Fleck, den die Stadt dem Reformator zugewiesen hat. Der runde Platz liegt malerisch zwischen Pinien, Steineichen und Ruinen. In der Mitte steht ein Brunnenbecken, um das nachmittags die Kinder Fangen spielen. Kindermädchen unterhalten sich auf den Bänken, Liebespaare spazieren vorbei, ein alter Herr führt seinen Hund Gassi.

»Das ist ein so schöner Ort, dass wir ihn sofort dankbar annahmen«, sagt Jens-Martin Kruse, der Pfarrer der evangelischen Christuskirche in Rom. Als die Lutheraner vor 200 Jahren nach Rom kamen, seien sie noch unerwünscht gewesen und hätten ihre Gottesdienste nur in der preußischen Gesandtschaft feiern können. »Heute sind wir anerkannt und erwünscht.«

Es hat sich allerhand verändert im Verhältnis der Konfessionen. In Rom herrscht kein Julius II. mehr, sondern Papst Franziskus, dem auch viele Protestanten zugestehen dürften, dass er sein Wirken an Jesus Christus ausrichtet. Beide Seiten, Katholiken und Protestanten, versuchen, mehr das Gemeinsame als das Trennende zu betonen.

Pfarrer Kruse erzählt, aus der katholischen Kirche sei nur Zuspruch für den Plan der verschiedenen evangelischen Kirchen in Rom gekommen, einen Platz nach Martin Luther zu benennen. Dennoch hat es Jahre gedauert, bis die Stadt einen Ort zur Verfügung stellte. Nun scheinen alle zufrieden zu sein. Bei der Einweihung sagt Bürgermeister Ignazio Marino, Rom sei das Zentrum der ganzen Christenheit.

Abstieg
zum Sonnengott

VIA LABICANA 95

WWW.BASILICASANCLEMENTE.COM

AUSGRABUNGEN MIT MITHRAS·HEILIGTUM :

MO - SA 9-12.30 UND 15-18 UHR ;

SO 12.15-18 UHR

EINTRITT : 10 EURO ; KINDER UND

JUGENDLICHE BIS 16 JAHRE : FREI ;

STUDENTEN BIS 25 JAHRE : 5 EURO

TIPP

EIN WEITERES GUT ERHALTENES
MITHRÄUM KANN UNTER DER KIRCHE
SANTA PRISCA AUF DEM AVENTIN
BESICHTIGT WERDEN.
WWW.ARCHEOROMA.BENICULTURALI.IT/
SITI·ARCHEOLOGICI/MITREO·SPRISCA

Ein Faszinosum der Papstge-
schichte ist es, dass sie sich bis zu
Petrus zurückführen lässt. Clemens I. war demnach der dritte
Nachfolger des Apostels. Er führte die Kirche ungefähr vom Jahr
88 bis 97 nach Christus. Der Legende nach wurde Clemens von
Kaiser Trajan zur Zwangsarbeit
in einen Steinbruch auf der Krim
geschickt. Da er dort weiter mis-
sionierte, ließ ihm der Kaiser
einen Anker um den Hals binden
und ihn dann ins Meer stürzen.
Daher wird Clemens häufig mit
dem Anker dargestellt.

In Rom ist dem Heiligen eine besonders spannende Kirche gewidmet. Die Basilica San Clemente al Laterano enthält Wandmalereien aus seinem Leben,

ein goldtrunkenes Apsismosaik aus dem 12. Jahrhundert und eine Katharinen-Kapelle, die mit Fresken ausgemalt ist, die zu den frühesten Renaissance-Werken der Stadt gehören.

Noch interessanter als die Oberkirche ist aber ihr Untergrund: Dort wurde ein Vorläuferbau ausgegraben, der aus dem 4. Jahrhundert stammt. Auch hier befinden sich Fresken der Clemens-Legende. Dann geht es noch einmal hinab zu den Ausgrabungen antiker Gemäuer. 20 Meter unter dem heutigen Straßenniveau wurde das wahrscheinlich am besten erhaltene Mithras-Heiligtum Europas entdeckt. Links und rechts eines langgestreckten Raumes mit Tonnengewölbe reihen sich Steinbänke für die Anhänger des Kults. In der Mitte steht ein exzellent erhaltener Altar. Auf einer Seitenwand ist der Gott Mithras dargestellt, wie er gerade einen Stier tötet.

Da der Mithras-Kult eine Geheimreligion war, die obendrein vom Christentum unterdrückt wurde, ist kaum Verlässliches darüber bekannt. Jedenfalls gab es schon in der altindischen und persischen Mythologie einen Gott namens Mithras. Legionäre brachten seinen Kult nach Rom. Im römischen Reich wurde Mithras vor allem im 2. und 3. Jahrhundert nach Christus als unbesiegter Sonnengott verehrt. Das Mithräum unter San Clemente strahlt viel von der Suggestivkraft dieses geheimen Männerkults aus. Verstärkt wird die Wirkung dadurch, dass hier in der Tiefe ein Wasserlauf gurgelt, der einst einen See in Rom gespeist haben könnte. Kein Wunder, dass sich in der Oberkirche manchmal eine Schlange von Menschen bildet, die alle in die Unterwelt hinabsteigen möchten.

China Town

Der Esquilin ist der größte und höchste der sieben klassischen Hügel Roms. Hier ist seit den sechziger Jahren rund um die Piazza Vittorio die römische Chinatown entstanden. Wer dabei ein chinesisches Viertel wie in San Francisco oder London erwartet, wird jedoch enttäuscht. Es fehlen die großen, bunten Reklametafeln mit chinesischen Schriftzeichen und das Gedränge der Menschen in den China-Restaurants und Geschäften. Die »Chinatown romana«, wie sie genannt wird, hat sich eher im Verborgenen entwickelt, was vielen Römern Unbehagen bereitet.

Die Gegend um die Piazza Vittorio wurde nach der italienischen

TIPPS

VON ETLICHEN RÖMERN GESCHÄTZTE CHINESISCHE KÜCHE BIETEN ZUM BEISPIEL FOLGENDE RESTAURANTS:

MAN YI, VIA VITTORIO ALFIERI 17-19

HANG ZHOU, VIA PRINCIPE EUGENIO 82; RESERVIERUNG RATSAM

Einigung als Mittelstands-Viertel für die vielen Beamten gebaut, die aus ganz Italien in die neue Hauptstadt Rom zogen. Die riesige Piazza selbst mit den schönen großen Bäumen in der Mitte wird von Säulenarkaden umgürtet, wie sie sonst eher in Turin zu finden sind. Die Geschäfte in diesen Arkaden waren früher italienisch. Heute sind sie meist in chinesischer Hand.

Zahlreiche Boutiquen mit chinesischen Verkäufern bieten billige Kleidung, Schuhe für 20 Euro, Elektroartikel, Taschen oder Modeschmuck feil. Die – wenigen – Kunden sind auch meist Chinesen. Gleiches gilt für einige Bars, die auf den ersten Blick wie italienische wirken. Morgens um sieben üben sich Chinesen in der Grünanlage der Piazza in Kampfsportarten, nachmittags spielen dort chinesische Jungs Basketball, während junge Schwarze am Rand zuschauen.

Der Esquilin gilt als das multiethnische Viertel Roms. Auf dem Platz und in den umliegenden Straßen sind neben Chinesen viele Nordafrikaner und Einwanderer aus dem Nahen Osten zu sehen. Auch zahlreiche Menschen aus Bangladesch sind zugezogen, sie eröffnen oft kleine Supermärkte. Natürlich gibt es auch China-Restaurants und, in der Via Ferruccio, einen buddhistischen Tempel.

Viele Römer bedauern, dass die chinesischen Läden die italienischen verdrängt haben. Auch fragen sie sich, von was die neuen Geschäfte leben, da dort nur wenig Kundschaft zu sehen ist. Geargwöhnt wird, manche Boutique sei nur die Fassade für andere Geschäfte. Die Wirtschaftskrise der vergangenen Jahre hat allerdings auch vor den chinesischen Boutiquen nicht Halt gemacht. Manche mussten inzwischen schließen. Die Besitzer und Angestellten gingen zurück nach China oder zogen in andere Viertel Roms, wie zum Beispiel an den Monte Testaccio. Die Italiener klagen oft, die Chinesen blieben ganz unter sich und sprächen kein Italienisch. Doch das ändert sich in der jungen Generation, die hier in Rom geboren wurde. Am Abend spielen auf der Piazza Vittorio plötzlich italienische und chinesische Burschen gemeinsam Fußball. Das ist ein gutes Zeichen für ein Viertel, das noch nach seiner neuen Identität sucht.

Das Elfenbeingesicht

LARGO DI VILLA PERETTI 1
WWW.ARCHEOROMA.BENICULTURALI.IT/
MUSEI/MUSEO-NAZIONALE-ROMANO-
PALAZZO-MASSIMO
DI - SO 9-19.45 UHR
EINTRITT: 13 EURO; JUGENDLICHE
VON 18 BIS 24 JAHRE: 9,50 EURO;
KINDER UND JUGENDLICHE
UNTER 18 JAHRE: FREI

TIPP

DIE EINTRITTSKARTE GILT AUCH FÜR
DAS GEGENÜBERLIEGENDE MUSEUM
IN DEN THERMEN DES DIOKLETIANS,
DAS EBENFALLS RÖMISCHE SOWIE
GRIECHISCHE KUNST ENTHÄLT.

Das hell erleuchtete Gesicht scheint schwerelos im schwarzen Raum zu schweben. Die obere Hälfte der Stirn ist weggebrochen, doch die mandelförmigen Augen, die klassisch-gerade Nase und der volle und zugleich fein geschnittene Mund sind perfekt erhalten. Das Elfenbeingesicht strahlt eine geheimnisvolle Kühle aus, so als blicke es verächtlich auf all die Gauner herab, die es im Lauf der Geschichte geraubt, verschleppt, versteckt und weiterverscherbelt haben.

Das Zentrum von Rom ist voller antiker Ruinen, von denen das Kolosseum, der Palatin, das Forum Romanum, die Kaiserforen oder die Thermen des Caracalla einen gewaltigen Eindruck

Vor allem aber beeindruckt uns das in einem eigenen abgedunkelten Raum präsentierte Elfenbeingesicht. Das liegt, zugegeben, nicht ausschließlich an seinem großen künstlerischen Wert, sondern auch an seiner jüngsten Geschichte, die einem Kunstkrimi gleicht.

Das Gesicht, das in der Antike aus dem Zahn eines afrikanischen Elefanten herausgearbeitet wurde und wahrscheinlich zu einer Statue aus einem Tempel oder einer Kaiservilla gehört, wurde 1994 von Grabräubern auf dem Gebiet eines altrömischen Bauernhauses am Bracciano-See gefunden. Die »tombaroli«, wie die Grabräuber auf Italienisch heißen, versteckten ihren Fund erst in einem Häuschen und schleusten ihn dann auf den internationalen Kunstmarkt. Dort sorgte das außergewöhnliche Werk für Aufsehen. So bekamen die Kultur-Carabinieri Wind von der Geschichte – eine international als Vorbild angesehene italienische Spezial-Einheit zum Schutz des Kulturerbes. Sie fahndete jahrelang nach dem Elfenbeingesicht, von dem sie zunächst nur ein Polaroid-Foto sicherstellen konnte. Die Carabinieri ermittelten unter anderem in München und auf Zypern. Schließlich wurden sie in Großbritannien fün-

geben. Doch die Mauern und Gewölbe, die einst so reich und bunt mit Fresken, Mosaiken und Skulpturen geschmückt waren, sind heute leer. Ihre Schätze werden, schwer gesichert, in Museen aufbewahrt. Erst ihr Besuch gibt ein lebendiges Bild des alten Roms wieder.

Die vielleicht eindrucksvollste Sammlung antiker Kunst in Rom ist im Palazzo Massimo alle Terme zu sehen, der zum Museo Nazionale Romano gehört. Hier sind Kunstwerke von der späten Republik bis zur späten Kaiserzeit ausgestellt. Besonders reizvoll sind die heiteren Fresken eines unterirdischen Nymphäums, die einen Garten mit Obstbäumen und Vögeln zeigen.

dig. Ein Kunsthändler in London wollte das Werk für zehn Millionen Euro verkaufen. Nach einem komplizierten rechtlichen Verfahren konnten die Carabinieri das Elfenbeingesicht 2003 endlich nach Italien zurückbringen. Doch die Geheimnisse bleiben: Wen stellt das Gesicht dar? Und wie gelangte diese Kostbarkeit in der Antike zu einem Bauernhof auf dem Land? Theorien gibt es viele. Eine lautet, das Elfenbeingesicht zeige Antonia Minore, die Schwester des Kaisers Augustus. Kunsträuber, die es schon in der Antike gab, könnten das Werk damals gestohlen und auf dem Bauernhof versteckt haben.

45

RISTORANTE ROMOLO : BUS 125 BIS LUNGARA/ORTO BOTANICO
ODER 23 BIS LGT FARNESINA/TRILUSSA
PALAZZO BARBERINI : METRO-LINIE A BARBERINI ODER BUSSE 53, 62 U. A.
BIS TRITONE/BARBERINI

Bei der kleinen Bäckerin

Neben der Porta Settimiana in Trastevere liegt das Ristorante Romolo, dessen Köche sich gut auf Gerichte der römischen Volksküche verstehen. Das gilt besonders für die Coda alla Vaccinara, einem mit Kräutern, Gemüse, Rosinen und Pinienkernen über Stunden butterweich geschmorten Ochsenschwanz. Auch hat das Romolo behagliche alte Galsträume und einen lauschigen Garten, in dem die Gäste dem Rummel Trasteveres entfliehen können.

In dem Haus soll einst die schöne Bäckerstochter Margherita Luti gelebt haben, besser bekannt als »la Fornarina«, die kleine Bäckerin. Viele Kunsthistoriker gehen davon aus, dass Margherita Luti

RISTORANTE ROMOLO
VIA DI PORTA SETTIMIANA 8
WWW.RISTORANTEROMOLO.IT
DI - SO 12-15 UND 19-24 UHR

GALLERIA DI PALAZZO BARBERINI
VIA DELLE QUATTRO FONTANE 13
WWW.GALLERIABARBERINI.
BENICULTURALI.IT
DI - SO 8.30-19 UHR
EINTRITT : 7 EURO ; JUGENDLICHE IM
ALTER VON 18 BIS 25 JAHRE : 3,50 EURO ;
KINDER UND JUGENDLICHE
BIS 18 JAHRE : FREI

das Lieblingsmodell des Renaissancemalers Raffael war. Sie soll auch Raffaels Geliebte gewesen sein. Im Innenhof des Romolo hielten die beiden einst ihre Schäferstündchen ab. So erzählt es jedenfalls der Volksmund in Trastevere, und so erzählen es auch besonders gern die Kellner des Lokals. Die Geschichte gibt ihren Speisen zusätzliche Würze.

Wer nun neugierig auf die kleine Bäckerin geworden ist, der sollte sich auf einen langen Verdauungsspaziergang quer durchs historische Zentrum bis zum Palazzo Barberini machen. Der monumentale Barockpalast, an dem die Architekten Carlo Maderno, Gian Lorenzo Bernini und Francesco Borromini gearbeitet haben, beherbergt einen großen Teil der Galleria Nazionale d'Arte Antica, hauptsächlich mit Gemälden vom 13. bis zum 17. Jahrhundert. Der Palast ist vorzüglich restauriert und die Bilder werden gut präsentiert.

Wir lassen heute das Porträt des englischen Königs Heinrich VIII. von Hans Holbein oder Caravaggios Judith unbeachtet und gehen gleich zu Saal 12 im ersten Stock. Dort wartet es schon – Raffaels Gemälde »La Fornarina«. Die junge Frau mit dem alabasterfarbenen Teint blickt den Betrachter direkt an. Ein Lächeln spielt um ihre Mundwinkel. Ihre linke Hand ruht im Schoß, die rechte hält einen durchsichtigen Schleier, der mehr betont als verhüllt. Die Brüste sind nackt.

Am linken Oberarm trägt die schöne Bäckerin einen Reif, auf dem die Worte »Raphael Urbinas« (»Raffael aus Urbino«) stehen. Kunstkenner vermuten daher, dass die junge Dame nicht irgendeine Geliebte des als Playboy verschrienen Malers war, sondern seine heimliche Verlobte. Noch etwas deutet darauf hin: Röntgenuntersuchungen des Bildes offenbaren, dass Raffael der Fornarina ursprünglich einen Rubin-Ring an einen Finger der linken Hand gemalt hatte, der später übermalt wurde. Womöglich der Verlobungsring?

Wie es heißt, untersagte damals Papst Leo X. die Heirat des Malers und der Bäckerin, weil die junge Frau Raffael von der Arbeit abhalte. Der Künstler-Biograph Giorgio Vasari schrieb sogar, der frühe Tod Raffaels, der 1520 im Alter von 37 Jahren starb, sei auf sein exzessives Liebesleben zurückzuführen. Wie auch immer: Die kleine Bäckerin lebt weiter – im Palazzo Barberini und im Ristorante Romolo.

Salario und Trieste

Mercato Piazza Alessandria

MO - SA 7-15 UHR
WWW.MERCATONOMENTANO.IT

TIPP

EINEN ÜBERBLICK ÜBER VIELE RÖMISCHE
MÄRKTE FINDET MAN HIER:
WWW.MERCATIDIROMA.COM

Auch Italiener kaufen heute in anonymen Supermärkten Tiefkühlpizza, Fischstäbchen und verschweißten Schinken ein. Wenn es schnell gehen muss oder besonders günstig sein soll. Doch daneben haben sich selbst in den Großstädten lokale Märkte erhalten, an deren Ständen über Politik diskutiert, Rezepte ausgetauscht, Gemüse gedrückt und Obst beschnüffelt wird. Die Römer lieben ihre »mercati rionali«, die Stadtteilmärkte, und auch Touristen müssen sich nicht damit begnügen, nur den Campo de' Fiori zu besuchen. Der Portier im Hotel oder der Taxifahrer weisen den Weg zum nächsten mercato, der meist nicht weit ist. »Heute Morgen will ich auf den

Markt gehen, um mich ein bisschen fröhlicher zu fühlen«, singt die italienische Rock-Gruppe Modà in ihrem Song »Al mercato«. Der frühe Morgen ist die beste Zeit dafür, weil dann noch alles frisch ist und die Händler noch nicht heiser sind. Auf dem Mercato der Piazza Alessandria, der in einem restaurierten Jugendstil-Gebäude untergebracht ist, warten drall-schwarze Auberginen, duftende Orangen, Zöpfe aus Knoblauch-Zwiebeln und Körbe mit funghi porcini (Steinpilzen) auf Käufer. Der Fischhändler Donato hat seine Boxen mit Scampi, Steinbutt und Miesmuscheln aufgestellt, sein Konkurrent Ehab preist Seebarsche und Goldbrassen an.

Natürlich gibt es hier auch all die anderen wunderbaren Dinge, die die vielen kleinen guai (Schwierigkeiten) des italienischen Alltags erträglicher machen: eingelegte Oliven und getrocknete Tomaten, saftig-würzigen rohen Schinken aus der Region, aromatischen Pecorino, frisch belegte Panini mit Mortadella, offenen Weißwein für zwei Euro den Liter, Pinienkerne und römische Fleisch-Spezialitäten wie involtini (Rouladen), polpette (Klößchen) und spiedini (Fleischspießchen).
Zum Abschluss geht es auf einen Sprung zu Maria, die die winzige Markt-Bar betreibt. Rom ist eine teure Stadt? Der caffè kostet hier 70 Cent und ein reich belegtes Tramezzino 1,30 Euro.

Rausch aus Stein

TIPP

WENIGE SCHRITTE VON DER PIAZZA MINCIO ENTFERNT LIEGT IN DER VIA TAGLIAMENTO 9 DER PIPER CLUB, EIN LEGENDÄRER MUSIK-CLUB DER SECHZIGER JAHRE, DER HEUTE EINE DISKOTHEK IST. VIELE RÖMER TRAUERN SEINEN GROSSEN ZEITEN NACH, ANDERE VERGNÜGEN SICH BIS HEUTE HIER. WWW.PIPERCLUB.IT

Wer durch den mächtigen Torbogen tritt, der die Via Dora überspannt, sollte sich auf etwas gefasst machen. Dahinter liegt – ein Märchenland? Ein Traum? Oder doch eher der Stein gewordene Vollrausch eines Architekten?

Die Piazza Mincio, die sich hinter dem Bogen öffnet, ist mit ihrem Brunnen und ihren Palazzi das ungewöhnlichste städtebauliche Ensemble Roms. Die opulenten, schlossartigen Häuser mit ihren Türmen, Galerien, Säulchen und Blendbögen sind überkrustet mit Masken, Figuren und Getier. Wie Korallenriffe wirken die Fassaden, an denen sich die unterschiedlichsten Stilelemente mischen. Fensterfor-

men der Romanik, der Renaissance und des Barock sind zu sehen, überformt vom Stile Liberty, der italienischen Variante des Jugendstils. Mittendrin steht die bizarre Fontana delle Rane mit ihren wasserspeienden Riesenfröschen.

Auf der Piazza Mincio durfte sich ein verspielter bis exzentrischer Architekt mal so richtig ausleben. Gino Coppedè, 1866 in Florenz geboren, studierte Architektur und machte sich dann mit phantasiereichen Projekten einen Namen, zum Beispiel mit dem Castello Mackenzie in Genua. 1915 bat ihn eine Immobiliengesellschaft, ein 31 000 Quadratmeter großes Terrain im Viertel Trieste für eine gutbürgerliche Klientel zu bebauen. Coppedè interpretierte den Auftrag auf seine Weise und schuf bis 1926 Paläste und Villen, die luxuriös zu nennen untertrieben wäre. Zeitgenossen waren entsetzt über den exzessiven Eklektizismus. So schimpfte der Dichter Gabriele D'Annunzio, selbst nicht frei von Extravaganzen, die Piazza Mincio sei eine »Schande und Beleidigung für das wirkliche Rom«.

Das ist Geschmackssache. Sehenswert ist das Quartiere Coppedè allemal. Das gilt besonders für die Villini delle Fate (Feen-Häuschen), mehrere ineinander verwachsene Phantasiehäuser samt üppig dekoriertem Türmchen. Oder für den Palazzo del Ragno (Palast der Spinne). Über dessen steinernem Hauptportal lauert eine goldfarbene Riesenspinne in ihrem Netz.

Das alles wirkt überraschend genug. Das Erstaunlichste aber ist, dass das Quartiere Coppedè bisher bei Touristen wenig Beachtung gefunden hat.

Am Bett des Duce

Viele Italiener haben, im Vergleich zu vielen Deutschen, ein, nun ja, ungezwungenes Verhältnis zu ihrer neueren Geschichte. Faschistische Symbole wie das Rutenbündel finden sich in Rom zuhauf. Und in der Villa Torlonia, die dem sogenannten Duce 1925 bis 1943 als Residenz diente, ist Mussolini allgegenwärtig. In der Buchhandlung am Eingang liegen Werke aus mit Titeln wie: *Der Duce und die Frauen* oder *Der Körper des Duce*. Im Erdgeschoss der neoklassizistischen Villa sind Fotos zu sehen, die Mussolini beim Tennisspielen oder Reiten zeigen. Im ersten Stock wartet das Bett des Duce.

Mussolini wurde 1922, nach einem operettenhaften Marsch

VIA NOMENTANA 70
WWW.MUSEIVILLATORLONIA.IT
DI – SO 9–19 UHR
EINTRITT: 7,50 EURO;
KINDER UND JUGENDLICHE IM ALTER
VON 6 BIS 25 JAHRE: 6,50 EURO;
KINDER UNTER 6 JAHRE: FREI

seiner faschistischen Kämpfer auf Rom, italienischer Ministerpräsident. Daher suchte er nach einer repräsentativen Bleibe in Rom. Giovanni Torlonia bot ihm die Herrschaftsvilla seiner Familie in einem prächtigen Park an der Via Nomentana an und zog selbst in ein Jugendstilhaus auf demselben Grundstück.

Der Diktator veränderte nur wenig an dem Herrenhaus, dessen opulente, nicht unbedingt geschmackvolle Ausstattung heute besichtigt werden kann. Im Ballsaal des Erdgeschosses ließ sich Mussolini gern Filme vorführen, und dort empfing er 1930 Mahatma Gandhi. Im Untergrund der Villa aber, wo sich jüdische Katakomben aus der römischen Kaiserzeit befanden, ließ er eine Bunkeranlage errichten, die ebenfalls besichtigt werden kann. Den Bunker hat Mussolini freilich nie benutzt. Am 25. Juli 1943 wurde er von König Viktor Emanuel III. als Premier abgesetzt und anschließend festgenommen. Der Rest ist Geschichte.

Tief im Tuff

Die Witze und das Kichern der englischen Schüler verstummen, als die Reiseleiterin die Gruppe immer tiefer in die Unterwelt führt. Nach der Sonnenwärme draußen schlägt ihnen hier die erdige Kühle in den Tuff gegrabener Gänge entgegen. Das fahle Licht der Lampen dringt kaum in die Wandnischen zu beiden Seiten vor. Dort hinein legten die frühen Christen ihre Toten, nur mit einem Tuch umwickelt. Dann streuten sie Kalk darüber und verschlossen die Öffnungen mit Ziegeln oder Marmorplatten. Reichere Familien leisteten sich eigene Grabräume, in denen auch Märtyrer bestattet wurden. Die Führerin deutet auf ein rötliches Fresko

VIA SALARIA 430
WWW.CATACOMBEPRISCILLA.COM
DI - SO 9-12 UND 14-17 UHR
EINTRITT: 8 EURO;
KINDER UND JUGENDLICHE VON
7 BIS 15 JAHRE: 5 EURO;
KINDER UNTER 6 JAHRE: FREI

TIPP

IN DER VIA NEMORENSE 179/181 LIEGT DIE BELIEBTE UND FÜR IHR BLÄTTERTEIGGEBÄCK BEKANNTE PASTICCERIA CAVALLETTI.

an einer hell gekalkten Wand. Darauf hält eine Frau ihr Kind an die Brust. »Es ist die erste Darstellung der Madonna überhaupt.«

Die Priscilla-Katakombe an der Via Salaria gilt als »Königin der Katakomben«, weil hier so viele Märtyrer begraben wurden. Außerdem sind ihre Fresken besonders gut erhalten. Die Grabanlage, die wahrscheinlich nach der einstigen Eigentümerin des Grundstücks, einer Priscilla, benannt ist, kann nur mit Führung besichtigt werden. Das ist sinnvoll, um sich in dem auf drei Etagen verlaufenden, insgesamt 35 Meter tiefen Gänge-Geflecht, das zwischen dem 2. und 5. Jahrhundert gegraben wurde, nicht zu

verlaufen; und um die interessantesten Orte zu finden.

Viele Symbole und biblische Szenen, die den frühen Christen teuer waren, sind hier zu sehen. Der Fisch, Jonas und der Wal, die Auferstehung des Lazarus oder Jesus Christus als guter Hirte im Paradies, umgeben von Pfauen und Tauben.

Etrusker, Römer und Juden bestatteten ihre Toten bereits in vorchristlicher Zeit in Katakomben. Die Christen übernahmen diesen Brauch. Der Tuff, ein weiches Vulkangestein, ermöglichte es in der Umgebung von Rom, Dutzende Katakomben zu errichten, deren Gänge insgesamt tausend Kilometer lang sein sollen. Dabei dürften einige Katakomben noch gar nicht entdeckt sein.

Die Legende, dass sich die Christen während der Zeit ihrer Verfolgung systematisch in dieser Unterwelt versteckten, halten die Wissenschaftler für falsch. Dazu waren die riesigen Anlagen einfach zu bekannt. Allerdings verbargen die Christen hier ihre toten Märtyrer und trafen sich auch heimlich zu damals verbotenen Gottesdiensten.

Noch zu Goethes Zeiten waren die Katakomben ein schauerlicher Ort. »Die ersten Schritte in diese dumpfigen Räume erregten mir alsobald ein solches Missbehagen, dass ich sogleich wieder ans Tageslicht hervorstieg«, schreibt Goethe in seiner *Italienischen Reise*. Heute sind etliche Katakomben für Besucher gut erschlossen. Sie faszinieren auch Kinder und Jugendliche, die sich sonst vielleicht nicht so viel aus der Besichtigung von Altertümern machen.

Aventin,
Testaccio und
der Süden

50

Treppe und Schlüsselloch

SANT'ALESSIO
PIAZZA DI SANT'ALESSIO 23
TGL. 9-12 UND 16-18 UHR

BUCO DI ROMA
PIAZZA DEI CAVALIERI DI MALTA 3

Der grüne Hügel Aventin birgt viele Überraschungen, eine davon ist in der Kirche Sant'Alessio zu sehen. Am hinteren Ende des Langhauses befindet sich eine barocke Kapelle mit einer seltsamen Szene. Ein aus Marmor gemeißelter Bettler im schäbigen Gewand liegt am Boden; über ihm schwebt, von Engeln erhoben, eine hölzerne Treppe.

Der Bettler ist der heilige Alexius. Er wurde im 5. Jahrhundert als Sohn eines römischen Senators geboren. Der Überlieferung nach verließ er nach der Hochzeit Frau und Eltern, um im heutigen Anatolien als frommer Einsiedler zu leben. Um der Verehrung durch die Menschen zu entkommen, floh er auf ein

Schiff, das durch einen Sturm an die Küste vor Rom verschlagen wurde. Alexius kam als Bettel-Pilger an seinem Elternhaus vorbei. Der Vater erkannte ihn nicht, erlaubte dem abgerissenen Mann aber, unter der Treppe des Hauses zu leben. Dort blieb Alexius 17 Jahre lang, in Demut sein kärgliches Heim und die Streiche des Gesindes ertragend. Erst im Sterben offenbarte er sich seiner Familie.

Die Geschichte von Reichtum und Armut passt gut zum Aventin. In altrömischer Zeit wurden dort Plebejer, also Leute aus dem einfachen Volk, angesiedelt, während drüben auf dem Palatin die Patrizier wohnten. Im ersten Jahrhundert vor Christus merk-

ten dann jedoch auch die Reichen, wie angenehm es sich auf dem Aventin leben ließ. Mehrere Kaiser residierten dort. Heute ist der Aventin immer noch ein Luxusviertel. Mitten in der quirligen römischen Altstadt gelegen, geht es hier oben ganz gemächlich zu.

Gewundene Straßen ziehen sich über den mit Pinien, Akazien und blühenden Büschen bewachsenen Hügel. Villen in üppigen Gärten werden von efeuüberwachsenen Mauern beschützt. Videokameras beäugen die schmiedeeisernen Eingangstore. Hier auf dem Aventin liegen der römische Rosengarten und der charmante Orangengarten, in dem auch Pomeranzen blühen, sowie einige sehr alte Kirchen wie Santa Sabina.

Außerdem residiert auf dem Aventin ein Orden, der das Herz von Völkerrechtlern höher schlagen lässt. Der Malteserorden, der hier die Villa Malta und die Kirche Santa Maria del Priorato besitzt, wird von der Staatenwelt als Völkerrechtssubjekt anerkannt. Er hat eine Verfassung, eine Regierung und Gerichte, pflegt diplomatische Beziehungen, prägt Münzen in den Währungseinheiten Scudi, Tari und Grani, und gibt hübsche Briefmarken heraus.

Die eigentliche Attraktion der Malteser auf dem Aventin ist jedoch ein Schlüsselloch oder, besser gesagt, der Blick hindurch. Manchmal bildet sich sogar eine Menschenschlange vor dem großen Tor zum Ordenspalast an der Piazza dei Cavalieri di Malta. Wer an der Reihe ist und durchs Schlüsselloch – »buco di Roma« genannt – schaut, hat genau die Kuppel von Sankt Peter im Visier.

51

Movida
am Scherbenberg

MACRO TESTACCIO
PIAZZA ORAZIO GIUSTINIANI 4
WWW.MUSEOMACRO.ORG/MACRO_
TESTACCIO
DI - SO 10.30-19.30 UHR
EINTRITT : 8,50 EURO ;
KINDER UND JUGENDLICHE
VON 6 BIS 25 JAHRE :
7,50 EURO ; KINDER UNTER 6 JAHRE : FREI

CHECCHINO DAL 1887
VIA DI MONTE TESTACCIO 30
WWW.CHECCHINO-DAL-1887.COM
DI - SA 12.30-15 UND 20-24 UHR ;
SO 12.30-15 UHR

AKAB CLUB
VIA DI MONTE TESTACCIO 69
WWW.AKABCLUB.COM
DO - SA 23.30-5 UHR

Aventin, Caelius, Esquilin, Kapitol, Palatin, Quirinal, Viminial – das sind die sieben Hügel Roms. Wobei die Drei-Millionen-Metropole in Wahrheit mehr Hügel umfasst. Der ungewöhnlichste ist der 36 Meter hohe Monte Testaccio. Er besteht aus Scherben zerschlagener Amphoren. Einst lag in der Gegend der Flusshafen des antiken Roms. Schiffe brachten Olivenöl und Getreide aus Afrika oder dem Nahen Osten zum römischen Mittelmeerhafen Ostia. Von dort aus wurden die Waren mit von Ochsen gezogenen Lastkähnen den Tiber hinauf in die Stadt geschleppt. Dort zerschlug man die Amphoren und schichtete mit den Stücken den Scherbenberg auf.

Der Monte Testaccio darf nur nach Voranmeldung besichtigt werden, doch zu seinen Füßen gibt es genug zu entdecken. Etwa den alten Schlachthof, ein eindrucksvoller Gebäudekomplex im Übergang vom Klassizismus zur modernen Industriearchitektur. In zwei ehemaligen Schlachthallen hat das Macro, das Museum für zeitgenössische Kunst, eine Dependance eingerichtet. Die Gemälde moderner Künstler kommen in den funktionalistischen Bauten gut zur Geltung.

Gegenüber vom Schlachthof, in den Straßen um den Scherbenberg, schlägt das »echte Herz« Roms, heißt es. Passender wäre es jedoch, vom Bauch von Rom zu sprechen. In diesem volkstümlichen Arbeiterviertel liegt ein großer, gedeckter Markt; und hier warten Restaurants und Vergnügungslokale aller Art auf die vorwiegend römischen Kunden. Wer römische Kost sucht, wird hier fündig. Etwa im Ristorante Checchino dal 1887, das, man ahnt es, seit 1887 aufkocht. Weil der Schlachthof in Rufweite lag, und die Gäste einfache Leute waren, konzentrierten sich die Köche auf Innereien, Füße, Kopf und Schwanz der Schlachttiere. So entstanden am Testaccio Gerichte wie die »Rigatoni con la pajata« (Röhrennudeln mit Darm vom Milchkalb). Die »Coda alla vaccinara« (Ochsenschwanzragout) wurde im Checchino erfunden und sie wird hier nach wie vor serviert.

In der Via di Monte Testaccio, die um den Berg herum führt, tobt am Abend die »Movida«. Mit diesem spanischen Ausdruck bezeichnen die Römer das junge Nachtleben. Die Straße, die tagsüber verschlafen und etwas verwahrlost wirkt, verwandelt sich nachts in eine große Piste. Ragazze und ragazzi ziehen durch Musikpubs, Cocktailbars und Clubs, die teilweise tief in den Scherbenberg hinein gebaut sind. Hier ist jeden Abend Live-Musik geboten, und die besten DJ's der Stadt legen auf. Beliebt bei jungen Römern ist zum Beispiel der Akab Club, der Musiktrends setzt und ständig neue Musiker entdeckt.

Ein Abend am Testaccio kann sehr lang werden. Gut, dass es zu Fuß nur zehn Minuten zur legendären Pasticceria Linari sind, wo sich Nachtschwärmer ab sieben Uhr früh mit caffè und cornetti stärken können.

Auf dem Friedhof der Nichtkatholiken

VIA CAIO CESTIO 6
WWW.CEMETERYROME.IT
MO - SA 9-17 UHR; SO 9-13 UHR
KLEINE SPENDE ERBETEN

TIPP

DIE SELTSAME GRABPYRAMIDE
DES RÖMISCHEN VOLKSTRIBUNS
GAIUS CESTIUS EPULO KANN NACH
VORANMELDUNG AN BESTIMMTEN
TAGEN BESICHTIGT WERDEN. NÄHERE
INFORMATIONEN UNTER:
WWW.COOPCULTURE.IT/HERITAGE.
CFM!ID=59

Im Frühjahr 1830 reist August von Goethe, 40 Jahre alt, von Weimar nach Italien, um sich ein bisschen abzulenken und zu erholen. Der Vater dreier Kinder hat es nicht immer leicht im Schatten seines eigenen Vaters, Johann Wolfgang von Goethe. Nach einigen Monaten erreicht August Rom. »Ich habe Italien gesehen und genossen, bin reich an Kenntnissen von Kunst, Leben, Treiben und Natur geworden«, schreibt er in sein Tagebuch. Ende Oktober stirbt er, vom unmäßigen Weintrinken geschwächt, an einem Fieber. Seine deutschen Künstlerfreunde stehen vor der Frage: Wo sollen sie ihn im Kirchenstaat, der in dieser Zeit große Teile Mit-

telitaliens umfasst, begraben? Die Friedhöfe in Rom scheiden aus, da dort nach dem Willen der Päpste ausschließlich Katholiken – sowie, in abgesonderten Teilen, Juden – bestattet werden dürfen. Aber da gibt es doch noch diesen »Cimitero degli stranieri acattolici«, den Friedhof der nichtkatholischen Ausländer, draußen im Schatten der Cestius-Pyramide und der Aurelianischen Mauer. Seit 1716 erlaubten die Päpste vereinzelt, dass dort Nichtkatholiken beigesetzt werden, zum Beispiel junge englische Adelige, die auf ihrer Grand Tour in Rom starben. Nach und nach entstand so ein kleiner Friedhof. Dort wird August von Goethe bestattet.

Heute liegt der Cimitero acattolici längst nicht mehr weit draußen vor Rom, sondern mitten im Testaccio-Viertel. Unter einer ausladenden Schirmpinie und den schlanken Säulen der Zypressen reihen sich Gräber mit schlichten Steinen, die nur einen Namen tragen, aber auch aufwendige Grabstätten, die ein Engel, eine Säule oder eine Amphore schmücken. Mehr als 4000 Menschen sind hier begraben, darunter auch nichtkatholische Italiener. Buchsbäume, Farne, Salbei und Rosmarin wuchern und lassen den Friedhof wie einen romantischen Garten wirken. Nur wenige Besucher streifen herum, dafür umso mehr Katzen, die, so heißt es, die Toten bewachen.

Die Friedhofsverwaltung wird von einem Botschafterrat aus 15 Staaten geleitet. Sie gibt einen Plan heraus, auf dem die Gräber berühmter Toter eingezeichnet sind, zum Beispiel der Schrein aus Stein, in dem die Asche des Philosophen und Mitbegründers der Kommunistischen Partei Italiens, Antonio Gramsci, bestattet ist. »Gramscis Asche«, hat Pier Paolo Pasolini eines seiner Gedichte genannt, in dem er hier Zwiesprache mit dem Verstorbenen hält.

Einige Schritte weiter ruhen die englischen Poeten Percy Bysshe Shelley und John Keats, die viel zu jung in Italien verstorben sind. Der norwegische Bildhauer Hendrik Andersen liegt in einem selbst entworfenen Grabmal. Sein amerikanischer Kollege William Wetmore Story hat für das Grab seiner Frau die wohl schönste Skulptur des Friedhofs geschaffen, einen Engel mit herabhängenden Flügeln, der sich trauernd über ihren Sarkophag beugt.

Dann sind da die Gräber vieler anderer Künstler, Dichter, Denker oder Diplomaten, oft englischer oder deutscher Herkunft, aber auch aus den USA, Skandinavien, Russland oder China. Neben Protestanten und Atheisten haben einige Muslime, Buddhisten und Konfuzianer hier ihre Ruhestätte gefunden.

Der Friedhof wird heute noch genutzt. Wer hier bestattet werden will, muss etliche Bedingungen erfüllen: Er sollte aus einem an der Verwaltung beteiligten Land wie Deutschland oder der Schweiz stammen, nicht katholisch sein und seinen letzten Wohnsitz in Rom gehabt haben. Und das Grab August von Goethes? In seinen Grabstein ist ein Bronze-Medaillon eingelassen, das sein Porträt zeigt. Die Verse darunter hat, auf Lateinisch, der Vater verfasst. Sie lauten: »Goethe filius – patri – antevertens – obiit – annor XL – MDCCCXXX.« (»Goethe der Sohn – dem Vater – vorangehend – starb – mit 40 Jahren – 1830.«)

Marmor, Stein und Eisen

Schwarz und Weiß, Schwere und Leichtigkeit, Technik und Kunst, nach Öl riechende Maschinen und geruchsfreier Marmor: Die Centrale Montemartini ist ein Ort der Kontraste. Hier prallen Antike und Moderne aufeinander. Doch sie zerstören sich nicht, sondern heben einander gegenseitig hervor. Die Centrale Montemartini gehört daher zu den interessantesten Museen Roms. Ein weiterer Trumpf ist, dass sich hierher nur relativ wenige Menschen verirren. Nicht selten kann man die Werke der (Ingenieurs-)Kunst in einem der Säle für sich allein bewundern.

Das heutige Museum verdankt seine Existenz auch einem visionären Bürgermeister. Von 1907

VIA OSTIENSE 106
WWW.CENTRALEMONTEMARTINI.ORG
DI - SO 9-19 UHR
EINTRITT: 7,50 EURO; KINDER
UND JUGENDLICHE IM ALTER VON
6 BIS 25 JAHRE: 6,50 EURO;
KINDER UNTER 6 JAHRE: FREI

bis 1913 regierte auf dem Kapitol Ernesto Nathan, ein Jude britischer Herkunft. Er setzte sich dafür ein, dass wichtige Betriebe für die Daseinsfürsorge der Bürger, wie die Stromerzeugung, privater Spekulation entzogen und als kommunale Betriebe geführt werden sollten – ein Thema, das bis heute für politische Debatten sorgt. Unterstützt wurde Ernesto Nathan von dem Wirtschaftsprofessor Giovanni Montemartini, nach dem das 1913 eingeweihte, erste öffentliche Elektrizitätswerk Roms benannt wurde.

Die Centrale Montemartini überlebte den Zweiten Weltkrieg und produzierte bis 1963 Strom. Dann verfiel das Gebäude mit seinen Maschinen. Ab 1989 richtete das Versorgungsunternehmen Acea alles wieder her, um hier Ausstellungen und Konferenzen zu organisieren.

Dann wurde ein Umstand, der Italienreisende oft frustriert, zum Glücksfall für die Museumslandschaft: »Chiuso per restauro« – dieser Hinweis erwartete die Besucher ab 1997 vor Teilen der Kapitolinischen Museen. Da kam der Stadtverwaltung die Idee: Warum nicht die Centrale Montemartini nutzen und griechische und römische Skulpturen vom Kapitol vorübergehend hier ausstellen?

Gesagt, getan. »Die Maschinen und die Götter« hieß die Ausstellung in dem alten Elektrizitätswerk. Das Konzept funktionierte so gut, dass daraus ein neues Museum wurde, in dem heute ein Teil der Sammlung der Kapitolinischen Museen dauerhaft gezeigt wird.

Durch ein Gatter an der hässlichen Via Ostiense geht es in einen Industriehinterhof und hinein ins Museum. Nur ein sanftes Summen der Klimaanlage hier ist zu vernehmen. Im gedämpften Licht schimmert ein Sarkophag vor dunklen Werkzeugen. An der Decke sind die Trichter zu sehen, durch die einst Kohle zum Befeuern der Kessel gefüllt wurde. Darunter stehen Büsten und Torsos.

Im ersten Stock wird das Spiel mit den Gegensätzen noch ein-drucksvoller. Im Maschinenraum stehen zwei sorgfältig restaurierte Dieselmotoren, die mehr als 20 Meter lang und 80 Tonnen schwer sind. Davor stehen Statuen Spalier, die einst das Zentrum des alten Roms schmückten. Der folgende Saal vereint einen Dampfkessel mit Werken, die an den Stätten kaiserlicher Paläste und Gärten ausgegraben wurden. Am Boden ist ein Mosaik mit Jagdszenen ausgelegt. Davor steht eine anmutige Skulptur der Muse Polymnia, die sich, in einen Schal gehüllt, auf einen Pilaster stützt. Sie blickt so nachdenklich in den Kesselraum, als könne sie den Wandel der Zeiten noch gar nicht recht begreifen.

Garbatella

TIPP

EIN STADTMARSCH MACHT HUNGRIG.
DA KOMMT DIE BEHAGLICH·ELEGANTE
OSTERIA DEI PAZZI IN DER VIA ENRICO
CRAVERO 22/24 GERADE RECHT.
WWW.OSTERIADEIPAZZI.IT
TGL. 13–15 UND 20–24 UHR

Eine Vorstadt mit menschlichem Antlitz, nicht mehr und nicht weniger hatten die Stadtplaner im Sinn, als König Viktor Emanuel III. im Jahr 1920 den Grundstein für das Viertel Garbatella legte. Es sollte »den Schöpfern des wirtschaftlichen Wiederaufschwungs der Hauptstadt Ruhe und gesundes Wohnen bieten«, heißt es auf einer Inschrift an der Piazza Benedetto Brin. Mit anderen Worten: Die Arbeiter sollten anständig untergebracht werden, nicht in uniformen Massenwohnblöcken, sondern in individuellen Ein- und Mehrfamilienhäusern mit Höfen, Gärten, Plätzen und Brunnen.
Herausgekommen ist ein urbanistisches Experiment. Der äl-

teste Kern um die Piazza Brin erinnert mit den umbrafarbenen Häusern mit Rundbogenfenstern, Balkonen, kleinen Terrassen, dem Torbogen und der Bar an ein mittelalterliches Dorf im ländlichen Latium. Die Villette, freistehende Häuschen mit Gemüsegarten, verstärken diesen Eindruck. Hier sollten nach dem Ersten Weltkrieg Menschen untergebracht werden, die auf der Suche nach Arbeit vom Land in die Stadt kamen. Garbatella sollte ihnen ein Dorfleben in Rom ermöglichen.

Während des Faschismus zogen dann immer mehr Menschen zu, und auch in Garbatella wurden größere Wohnblöcke gebaut. Doch das Viertel mit seinen ori-

ginellen Architektur-Elementen, die mal auf mittelalterliche, mal auf barocke oder rationalistische Bauweisen anspielen, hat seinen besonderen Charakter bewahrt. Hier gibt es mehr Grün als anderswo in der Stadt und viele Orte zum Plausch unter Nachbarn.

Wer ziellos durch das leicht heruntergekommene Viertel schlendert, von der Metro-Haltestelle Garbatella bis zur Piazza Oderico da Pordenone, wird zahlreiche hübsche Details entdecken, ein Türmchen, eine Loggia, einen stillen Treppenweg. Auch fallen Graffitis und Parolen auf sowie das alternative Sozialzentrum Cassetta Rossa.

Garbatella war immer ein linkes Viertel, die Resistenza gegen den Faschismus war hier besonders stark. Umso skeptischer sehen es manche Bewohner, dass dieses einstige Arbeiterviertel allmählich von wohlhabenderen Römern entdeckt wird. Der Kultregisseur Nanni Moretti hat dazu beigetragen, indem er in seinem Film *Caro Diario* (*Liebes Tagebuch*) ausführlich mit der Vespa durch Garbatella kurvt. Er nennt es »das Viertel, das mir am besten von allen gefällt«.

55

In den Ardeatinischen Höhlen

Ein roh in den Fels gehauener Gang führt in die Felswand aus Tuffstein. Plötzlich versperrt ein kunstvoll gestaltetes Eisengitter die Höhle. Dahinter, am Höhlenende, starben am 24. März 1944 335 italienische Zivilisten im Alter von 15 bis 74 Jahren. Sie kamen aus allen Schichten: Generäle und Straßenhändler waren dabei, Arbeiter und Ärzte, Rechtsanwälte, Metzger und ein Priester. SS-Männer führten die Italiener in Fünfer-Gruppen hierher, ließen sie niederknien und töteten sie mit Genickschüssen.

Das Massaker in den Fosse Ardeatine, den Ardeatinischen Höhlen, ist in Deutschland wenig bekannt. In Italien gilt es als

VIA ARDEATINA 174
MO - FR 8.15-15.15 UHR;
SA - SO 8.15-16.15 UHR

das Symbol für den Terror der deutschen Besatzer im Zweiten Weltkrieg. Der Ort des Verbrechens, zwei miteinander verbundene Höhlengänge in der Via Ardeatina unweit der Calixtus-Katakomben, ist eine nationale Mahn- und Gedenkstätte. Sie besteht aus der Grabstätte für die Opfer, einem Museum und den Höhlen selbst.

Die deutschen Besatzer bezeichneten das Massaker als Repressalie für einen Anschlag italienischer Widerstandskämpfer: Am 23. März 1944 war eine Einheit Südtiroler Polizisten zum Wachdienst durch Rom marschiert. Als sie die Via Rasella durchquerten, explodierten zwei Sprengsätze, die kommunistische Aktivisten in einem Müllbehälter versteckt hatten. 33 Polizisten und zwei italienische Zivilisten, darunter ein zwölfjähriger Junge, starben. Die Südtiroler Polizisten sind auf dem deutschen Militärfriedhof von Pomezia südöstlich von Rom beigesetzt.

Die Besatzer beschlossen seinerzeit, als Vergeltung zehn Italiener für jeden gestorbenen Polizisten umzubringen. Verantwortlich für das Massaker zeichnete unter anderen Feldmarschall Albert Kesselring. Geplant und ausgeführt wurde es von Herbert Kappler, dem Chef der Sicherheitspolizei in Rom. Kappler trieb Menschen aus deutschen und italienischen Gefängnissen sowie römische Juden zusammen und ließ sie auf Lastwagen zu den Ardeatinischen Höhlen fahren. Er brachte einige Opfer eigenhändig um. Nach dem Massaker ließ er die Höhlen sprengen.

Bald nach dem Zweiten Weltkrieg legten die Italiener die Gänge frei und bargen die Opfer. Dann richteten sie die Gedenkstätte ein. Viele Mittäter des Massakers kamen straflos davon, weil weder deutsche noch italienische Stellen Eifer zeigten, die Taten zu sühnen. Albert Kesselring wurde von einem britischen Militärgericht zum Tode verurteilt, dann jedoch zu einer Gefängnisstrafe begnadigt. Er kam 1952 frei. Herbert Kappler wurde von italienischen Militärrichtern zu lebenslanger Haft verurteilt. 1977 gelang ihm die Flucht nach Deutschland, wo er kurz darauf starb.

»Das, was hier am 24. März 1944 geschah, ist eine furchtbare Beleidigung Gottes«, sagte Papst Benedikt XVI., als er die Ardeatinischen Höhlen 2011 besuchte. Der italienische Präsident Sergio Mattarella kam noch am Tag seiner Wahl, am 31. Januar 2015, an den Gedenkort. Er nannte die Höhlen »ein schmerzhaftes Symbol des nazistischen, rassistischen, antisemitischen und totalitären Hasses«.

56

Park der Aquädukte

VIA LEMONIA 256

TIPP

IN DER NÄHE LIEGEN DIE RÖMISCHEN
FILMSTUDIOS CINECITTÀ, DIE MIT
DER METRO A ZU ERREICHEN SIND.
SIE KÖNNEN TÄGLICH, AUSSER
MONTAGS, BESICHTIGT WERDEN.
NÄHERE INFORMATIONEN:
WWW.CINECITTASIMOSTRA.IT

Die alten Römer mögen nicht die originellsten Künstler gewesen sein, da waren ihnen Griechen und Etrusker voraus. Doch sie waren großartige Architekten und Organisatoren. Davon zeugen ihre Straßen in Italien und anderen Teilen Europas, die zum Teil, wie die Via Aurelia, noch heute auf denselben Trassen verlaufen. Oder ihr Recht, das sich noch immer in vielen Gesetzen auf der ganzen Welt wiederfindet. Eine weitere Großtat römischer Zivilisation sind die Aquädukte, Wasserleitungen, die teils unterirdisch, teils oberirdisch das antike Rom versorgten. Die Stadt wuchs damals schnell und brauchte für Brunnen, Märkte, Thermen und die Versorgung der

Bürger Unmengen Wasser. In der Kaiserzeit waren es 13 Kubikmeter – pro Sekunde.

Noch heute lässt sich ein Eindruck von diesem Wunderwerk gewinnen. Dazu nimmt man die Metro-Linie A bis zur Station Subaugusta und läuft auf dem Viale Tito Labieno Richtung Südwesten, durch ein dicht mit fünf- bis sechsstöckigen Wohnpalazzi bebautes Viertel. Nach zehn Minuten endet die Bebauung abrupt. Eine weite, bukolische Landschaft tut sich auf. Der Wind streift durchs Schilf eines Baches. Satte Wiesen ziehen sich bis zu den bläulich schimmernden Albaner Bergen hin. Mittendrin stehen bis zu 27 Meter hohe Bogenreihen, die so massig in der Ebene wirken, als hätten Riesenkinder vergessen, ihre Bauklötze aufzuräumen.

Sechs Wasserleitungen liefen hier, im Park der Aquädukte, einst zusammen, um dann über- und unterirdisch, sich mal kreuzend und mal vereinigend, in die Stadt zu führen. Besonders eindrucksvoll ist der Anblick der Aqua Claudia, von der 154 Bögen am Stück erhalten sind – und das mehr als zwei Jahrtausende nach der Einweihung durch Kaiser Claudius 52 nach Christus. Auch von der Aqua Marcia sind Bögen zu sehen, bevor sie im Untergrund weiterläuft. Die Aqua Marcia wurde im 19. Jahrhundert restauriert. Seitdem liefert sie den Römern wieder Wasser.

57

Giuda ballerino!

LARGO APPIO CLAUDIO 346
WWW.LALTROBALLERINO.COM
TGL. AUSSER MITTWOCH 12.30-15
UND 19-23 UHR

TIPP

NATÜRLICH LOHNT AUCH DAS
GOURMET-RESTAURANT GIUDA BALLERINO!
AN DER PIAZZA BARBERINI 23 EINEN
BESUCH. INFORMATIONEN UNTER:
WWW.GIUDABALLERINO.COM

Eigentlich wollte Andrea Fusco Flugkapitän oder Formel-1-Pilot werden. Doch dann landete er eher zufällig in einer Hotelfachschule. Er arbeitete in Hotels und Restaurants in Rom. Was es in jenen neunziger Jahren dort zu essen gab, überzeugte ihn nicht. Er empfand die römische Küche als zu banal. Also machte sich Andrea Fusco auf die Suche nach Anregungen in die Welt auf, nach Spanien und Japan etwa. Zugleich vertiefte er sich in alte Rezepte seiner Heimatregion Latium, zu der Rom gehört. Dann machte er sein eigenes Restaurant auf, draußen bei der Via Tuscolana im Südosten der Stadt, gastronomisch gesehen eher eine Brache.

Neben dem Kochen hatte der junge Chef noch eine zweite Leidenschaft: Comics. Besonders hatten es ihm die Hefte mit Dylan Dog angetan, einem Privatdetektiv, dessen Lieblingsfluch lautet: »Giuda ballerino!« (»Tanzender Judas!«). Da lag es für ihn nahe, sein Lokal so zu nennen. Dort machte sich Andrea Fusco ans Werk. Er nahm die alten Rezepte als Basis, verfeinerte und verfremdete sie, ohne die Wurzeln seiner Gerichte vergessen zu machen. Bald sprach es sich herum, dass da draußen, nahe der Metro-Station Giulio Agricola, kulinarische Abenteuer lockten. »Jeder Bissen muss zum Staunen bringen«, lautet sein Wahlspruch. Der Lohn der Mühen:

ein Michelin-Stern. Damit ausgezeichnet, eroberte Andrea Fusco das Zentrum Roms. Heute kocht er im Dachgeschoss des Hotels Bernini Bristol an der Piazza Barberini. Dort sind nicht nur die Ausblicke phantastisch, sondern auch die Speisen, etwa gegrillte Krebse mit weißer Schokolade, Basilikum und Mango. Natürlich heißt das neue Restaurant wieder Giuda ballerino!. Heute wollen wir jedoch hinaus in die Peripherie, wo Andrea Fusco weiter sein Ursprungslokal führt, in dem die Gerichte etwas bodenständiger und preiswerter sind. Das Lokal heißt jetzt Osteria Laltroballerino. Es liegt am Largo Appio Claudio, einem gesichtslosen Platz zwischen

Mietshäusern. Die Osteria ist kaum zu übersehen. An einem Fenster prangt ein Cartoon, das Dylan Dog beim Essen zeigt. Wir treten in einen modernen, angenehm beleuchteten Raum mit Comic-Zeichnungen an den Wänden. Als Amuse-Gueule wird Brot serviert, frisch gebacken in allerlei Varianten. Das Klischee, in Rom gebe es nur langweiliges Weißbrot, ist überholt, hier drinnen ganz besonders.

Wir bekommen ein zartes Polpo-Kartoffel-Törtchen vorgesetzt, gefolgt von Perlhuhn, mit Stein-pilzen gefüllt. Das Perlhuhn kann ja gern mal ziemlich trocken sein. Hier ist es saftig und nimmt den Geschmack der Pilze trefflich auf. Das Dolce, Ricotta mit Feigen und Pistazien, rundet das Mahl perfekt ab.

Vor ein paar Jahren hat Andrea Fusco einmal gesagt, sein Traum sei es, einmal weniger zu arbeiten. Doch nun, mit gleich zwei Lokalen, ist sein Leben eher noch anstrengender geworden. Allerdings wäre es auch als Formel-1-Pilot stressig geworden. Und uns ist es ohnehin lieber, er arbeitet weiter als Koch.

Im Norden und Westen

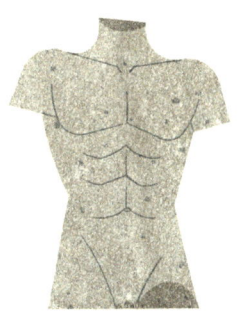

58

Arenen von gestern und heute

PIAZZALE DEL FORO ITALICO

TIPPS

TICKETS FÜR DIE FUSSBALLSPIELE
DER VEREINE AS ROMA UND
SS LAZIO KÖNNEN AUF DEREN
INTERNET-SEITEN GEKAUFT WERDEN:
WWW.ASROMA.COM
WWW.SSLAZIO.IT

Es ist der Abend des 8. Juli 1990. Ein Mann in weit geschnittenen beigen Hosen und dunklem Sakko schreitet allein durch das nächtliche Stadion. Hinter ihm toben die Zuschauer, johlt die Mannschaft um Kapitän Lothar Matthäus, die soeben Weltmeister geworden ist. Der einsame Mann scheint das gar nicht wahrzunehmen, er ist allein mit sich und den Sternen. Als Spieler wurde er bereits 1974 Fußball-Weltmeister, nun schaffte er dies auch als Teamchef. Das Bild Franz Beckenbauers in der Stunde seines vielleicht größten Triumphes im Olympiastadion von Rom hat sich in die Sportgeschichte eingraviert.

Das Olympiastadion von Rom ist

jedoch keineswegs nur ein Erinnerungsort deutscher Sportgeschichte. Es steht zugleich für Größenwahn, Fall und Wiederaufstieg Italiens. Der faschistische Diktator Benito Mussolini sah sich selbst als Nachfolger der römischen Kaiser. Er versuchte, Legitimation aus ihrem Erbe zu ziehen und sie an Glanz zu übertreffen. Deswegen griff er in die römische Stadtlandschaft ein wie kein anderer in der jüngsten Geschichte. Zu sehen ist dies in der Via dei Fori Imperiali oder der Via della Conciliazione; vor allem aber im Foro Italico, das damals Foro Mussolini hieß.

Der Wunsch des Diktators: Er wollte im Norden Roms, zwischen Monte Mario und Tiber, ein Sport- und Spektakelgelände schaffen, das die antiken Stätten in den Schatten stellte. Daher setzte er gigantische Bauprojekte ins Werk: das Stadio dei Cipressi, das nach dem Krieg zum Olympiastadion wurde; das Stadio dei Marmi mit 60 überlebensgroßen Athleten-Skulpturen, das heute seltsam kalt in der Sonne liegt; und eine Aufmarschallee, die mit Mosaiken zum Ruhme des Duce und des Faschismus gepflastert wurde. Auch diese Allee ist erhalten. Sie zeigt zum einen Lastwagen, auf dem faschistische Kämpfer gen Rom fahren; oder die Inschrift: »Führer, unsere Jugend widmen wir Dir«. Dann ist da noch der Obelisk, den Mussolini aus Carrara-Marmor schla gen ließ. »MUSSOLINI DUX« prangt in Großbuchstaben von diesem Ausrufezeichen des Faschismus.

Touristen mag diese Apotheose Mussolinis verstören. Viele Römer nehmen sie gar nicht mehr wahr. Sie ist Teil ihrer Stadtlandschaft, wie die Ruinen der Kaiserpaläste auf dem Palatin oder die Statue des von der Kirche verbrannten Philosophen und Astronomen Giordano Bruno auf dem Campo de' Fiori.

Benito Mussolini wäre gewiss erstaunt, wie präsent er Jahrzehnte nach seinem Fall noch immer auf dem Sportgelände ist, das heute Foro Italico heißt. Sein Stadio dei Cipressi, das nun Olympiastadion heißt, ist Schauplatz der emotionalsten Sportwettkämpfe Roms – der Fußball-Derbys zwischen AS Roma und SS Lazio. Lazio ist wegen etlicher neofaschistischer Fans berüchtigt. Paolo Di Canio, der Mannschaftskapitän war, ließ sich das Wort »Dux« auf den Oberarm tä-towieren. Doch auch in der Fankurve des AS Roma, traditionell ein linker Verein, macht sich faschistisches Gedankengut breit. Das ist die dunkle Seite des Fußballs in der Kapitale. Die helle dagegen ist, dass viele Römer in rührender Treue ihrer Mannschaft verbunden bleiben und über deren Triumphe und Niederlagen die Wechselfälle des eigenen Alltags ertragen. Man braucht nicht viel Glück, um an Fußballsonntagen einen Taxifahrer zu erwischen, der am Autoradio einem Spezialsender folgt, der ununterbrochen über AS Roma oder Lazio Roma berichtet. Wenn dann noch ein Tor für die eigene Mannschaft fällt, wird der Fahrgast zum Heiligen erkoren, der dieses miracolo ermöglicht hat. Dann schmettern aus dem Radio die Fans die Hymne einer der beiden Mannschaften. »Flieg, Lazio, flieg«, lautet der Song der einen, während die anderen dagegenhalten: »Roma, Roma, Roma!«

59

Maximal modern

Das Maxxi wirkt noch wie ein Mantel, der etwas zu groß geworden ist für die zierliche Figur der modernen Kunst in Rom. Doch das wird sich in den nächsten Jahren ändern. War die Ewige Stadt in Sachen moderner Kunst lange tiefe Provinz, so holt sie in jüngster Zeit auf. Mehrere architektonisch spannende Bauten wie das Auditorium Parco della Musica von Renzo Piani und Museen wie das Macro und das Maxxi widmen sich der Moderne. Wobei das im römischen Norden gelegene Maxxi sich besonders der Kunst und Architektur des 21. Jahrhunderts widmet. Konsequent modern ist der Bau selbst, den die Architektin Zaha Hadid entworfen hat. Aber was

VIA GUIDO RENI 4
WWW.FONDAZIONEMAXXI.IT
DI - FR, SO 11-19 UHR; SA 11-22 UHR;
MONTAGS GESCHLOSSEN
EINTRITT: 10 EURO;
BESUCHER UNTER 30 JAHRE: 8 EURO;
SCHÜLER UND STUDENTEN: 4 EURO;
KINDER UND JUGENDLICHE
BIS 14 JAHRE: FREI

heißt hier Bau: Von außen sollte man besser von einem Konglomerat aus Betonkörpern sprechen, die mal eckig, mal rund und mal abgeschrägt ineinander verschachtelt sind. Dünne Stahlsäulen tragen die schwere Last ganzer Geschosse und brechen die gewohnte Vorstellung von Architektur und Statik auf. Innen schwingen sich Galerien, Rampen, Gänge und offene Räume um die Eingangshalle, sodass der Besucher ständig neue Raumeindrücke bekommt. Fensterreihen geben immer wieder den Blick auf das alte Rom frei.

Neben Wechselausstellungen sind im Maxxi zwei ständige Ausstellungen zu sehen. Die eine beschäftigt sich mit moderner Architektur, zeigt Skizzen, Pläne und Modelle von italienischen und internationalen Architekten. Die andere widmet sich einem weiten Kunstbegriff, der Gemälde, Skulpturen, Installationen, Video-Kunst, Fotografie und Internet-Kunst umfasst.

Bislang hat das 2010 eingeweihte Museum gut 400 Werke angeschafft. Vertreten sind Künstler wie Alighiero Boetti, William Kentridge oder Gerhard Richter. Von Mario Merz sind drei übereinandergestellte gläserne Iglus aufgebaut, die in ihrer fragilen Transparenz zeigen, wie luftig Architektur sein kann.

Derzeit ist das Maxxi dabei, seine Sammlungen weiter anzureichern. Viele Römer haben das wegen seiner Baukosten scharf kritisierte Museum inzwischen angenommen. Sie treffen sich hier, um durch die Ausstellungen zu schlendern, in der Cafeteria zu essen oder im Buchladen zu stöbern. Rom ist in der Moderne angekommen.

60

Ein Park für alle

DER PARK HAT EINGÄNGE AN DER VIA DI SAN PANCRAZIO, VIA AURELIA ANTICA, VIA LEONE XIII, AM LARGO M. LUTHER KING, AN DER VIA VITELLIA UND DER VIA DELLA NOCETTA.

VORSICHT IST MIT KINDERN GEBOTEN, DA IN DEN STRASSEN AN DEN EINGÄNGEN ZUM TEIL SEHR VIELE AUTOS FAHREN. DER PARK SELBST IST BIS AUF EINE ABGEZÄUNTE DURCHGANGSSTRASSE AUTOFREI.

TIPP

NETTES CAFÉ NAMENS VIVI BISTROT MIT BIO-PRODUKTEN IM SÜDLICHEN ZENTRUM DES PARKS : WWW.VIVIBISTROT.COM/VILLA-PAMPHILI

Auf einer Wiesenkuppe steht ein Mann und spielt auf seinem Saxophon. Eine Gruppe älterer Römer joggt vorbei, während drüben, an dem kleinen Bach, Kinder einen Damm aus Zweigen bauen und Kaulquappen fangen. Ein Schwarm hellgrüner Mönchspapageien kreischt in den Pinien, eine Frau führt Hunde Gassi, und auf dem Feld zwischen den Bäumen spielen zwei Dutzend Burschen Rugby.
Die Villa Doria Pamphili ist ein Park für alle. Dabei wird sie weit weniger als die Villa Borghese von Touristen genutzt. Es sind die Römer selbst, die sich hier draußen vor der Porta San Pancrazio vergnügen, trainieren und entspannen. Und auch

die Deutschrömer, womit hier nicht die Maler und Dichter des 18. Jahrhunderts gemeint sind, sondern jene Deutschen, die in der Stadt leben. Am Rand des Parks liegen das Deutsche Historische Institut und die Deutsche Schule Rom, und mancher Kindergeburtstag wird in der Villa Doria Pamphili gefeiert.

Dennoch ist die Villa – im Italienischen ist damit auch der Park eines Herrenhauses oder Schlosses gemeint – selbst an Wochenenden nie überlaufen. Mit ihren 184 Hektar Land ist sie einfach zu groß dafür. Hier gibt es alles, was sich von einem mediterranen Park erträumen lässt:

Pinienhaine und Niederwald, blühende Mimosen und duftende Engelstrompeten, Alleen und Pfade, Teiche, in denen Wasserschildkröten leben, Grotten, Wasserfälle, Brunnen, Statuen, Büsten und prächtige Blicke auf Rom und die Albaner Berge. Glanzpunkt des Parks ist die eigentliche Villa, ein prächtiger, reich verzierter, weiß leuchtender Bau aus dem 17. Jahrhundert inmitten eines französischen Repräsentations-Gartens.

1630 hatte der Adelige Panfilo Pamphili hier draußen vor den Stadtmauern Land und eine alte, heute nicht mehr bestehende Villa gekauft. Als 1644 ein Kardinal der Familie Papst wurde – er gab sich den Namen Innozenz X. –, ließen die Pamphili die neue Villa errichten und einen grandiosen Park anlegen. Später heiratete eine Pamphili einen Spross der Familie Doria. Die Nachkommen kauften immer mehr Land hinzu, gestalteten und pflegten es.

Heute gehört der Park teils dem Staat, teils der Stadt. Was einst dem Adel und seinem Gefolge vorbehalten war, können heute alle Bürger genießen. Die weiße Villa selbst bleibt jedoch verschlossen. Sie dient der Regierung als glanzvoller Rahmen für internationale Treffen.

Straße der Täuschung

FRISEURSALON DANILO VISCONTI
VIA SAN LUCIO 15

BAR DE ROSA
VIA SAN ADEODATO 4

In seinem Kinderbuch *Jim Knopf und Lukas der Lokomotivführer* stellt der Autor Michael Ende den Scheinriesen Tur Tur vor. Aus der Ferne betrachtet, wirkt er wie ein Riese. Doch je näher man ihm kommt, desto mehr schrumpft er zusammen. Ein ähnlicher Effekt ist in Rom zu bestaunen, wobei als Scheinriese dort die Kuppel von Sankt Peter dient.

Um in den Genuss dieses Schauspiels zu kommen, ist ein kleines Experiment nötig. Man nehme ein Taxi und bitte den Fahrer, den Park der Villa Doria Pamphili auf der Via Leone XIII von Süd nach Nord zu durchqueren. Am Ende des Parks soll er rechts zum Largo Cardinal Domenico

Ferrata abfahren und dort wiederum rechts in die Via Piccolomini einbiegen. Diese möge er, soweit es der Verkehr erlaubt, in der Mitte der Fahrbahn in einem Tempo von 20 Stundenkilometern entlangfahren. Sie aber richten Ihren Blick fest auf die Kuppel des Petersdoms, auf die die Straße schnurgerade zuführt. Sie glauben zu träumen? Tatsächlich ragt die Kuppel zunächst ganz nah vor Ihnen auf. Doch je näher Sie ihr kommen, desto kleiner wird sie. Bei Nacht ist der Effekt noch erstaunlicher. Lassen Sie sich dann die Straße zurückfahren, drehen Sie sich um und erleben Sie, wie die Kuppel zum Scheinzwerg, also mit wachsender Entfernung immer größer wird. Die optische Täuschung wird auch Ihre Kinder oder Freunde, denen Sie Rom zeigen, verblüffen.

Lassen Sie sich dann absetzen und gehen Sie bis zum Ende der Via Piccolomini, um den Ausblick in Ruhe zu genießen. Unter Ihnen erstreckt sich eine idyllische, hügelige Landschaft mit Wiesen, Bäumen und Büschen. Manchmal weiden Pferde und grasen Schafe hier. Dahinter scheint Sankt Peter, wie in alten Zeiten, fast unmittelbar aus der römischen Campagna herauszuwachsen. Gehen Sie dann nach links in die Via San Lucio. Hier können Sie sich von dem sympathischen Friseur Danilo Visconti und seinen Kolleginnen in einem typischen römischen Stadtviertel-Salon die Haare schneiden oder frisieren lassen. In der winzigen Bar um die Ecke gibt es Cappuccino oder einen caffè. Bus Nummer 982 bringt Sie zurück ins Zentrum.

Ausflüge

62

MIT DEM ZUG AB ROMA TERMINI ODER ROMA S. PIETRO
BIS ZUR STATION S. SEVERA; VON DORT GUT 15 MINUTEN ZU FUSS.
MIT DEM BUSUNTERNEHMEN COTRAL AB METRO-STATION CORNELIA BIS SANTA SEVERA.

Am Strand von Santa Severa

So haben sich Generationen von Nordländern den Süden erträumt: ein breiter, feiner Sandstrand und kleine, sichelförmige Buchten, blaue Wellen, die am Ufer schlecken, Palmen um die Eisdiele auf dem Lungomare, Meeresgetier zum eisgekühlten Weißwein in den Restaurants, ein uraltes Kastell am Wasser und eine heitere Gelassenheit, wie sie Orten zu eigen ist, die dem Paradies auf Erden nahekommen.

Dabei ist Santa Severa nur ein traditionelles, kleines italienisches Strandbad. Doch gerade darin liegt sein Reiz. Hier stehen immer noch die schneeweißen Villen römischer Sommerfrischler. Hier wurde das altmodische Flair noch nicht unter Beton, Diskotheken und Spaßbädern begraben.

Zugegeben, im Juli und August kann der Strand voll und das Wasser trüb werden. Doch während der restlichen Monate des Jahres ist Santa Severa einen Tagesausflug wert. Hier kann man am Vormittag baden und Boccia am Strand spielen, mittags Spaghetti allo scoglio genießen, nachmittags durch die lehmbraune Burg schlendern, die einer marokkanischen Kasbah ähnelt, und abends in der Bar des Strandbades Il Marinaio bei einem Aperitif die letzten Sonnenstrahlen genießen. Nichts Besonderes, wie gesagt – und doch ein kleines Paradies.

63

MIT DEM ZUG: AB ROMA TERMINI BIS MARINA DI CERVETERI;
VON DORT BUS NACH CERVETERI UND ZUR NEKROPOLE BANDITACCIA.
MIT DEM BUS DES UNTERNEHMENS COTRAL:
AB METRO-STATION CORNELIA BIS CERVETERI; VON DORT BUS W. O.

In den Hügeln der Toten

NECROPOLI DELLA BANDITACCIA
PIAZZALE MARIO MORETTI
WWW.CERVETERI.BENICULTURALI.IT/
INDEX.PHP ?EN/116/LA-NECROPOLI-
DELLA-BANDITACCIA
DI – SO 8.30–18.30 UHR
EINTRITT: 8 EURO

TIPP

BEI TARQUINIA KANN EINE WEITERE
NEKROPOLE BESICHTIGT WERDEN. IM
MUSEO ARCHEOLOGICO NAZIONALE
TARQUINIAS SIND ETRUSKISCHE FUNDE
AUSGESTELLT, DARUNTER DIE BERÜHMTEN
»PFERDCHEN VON TARQUINIA«.

INFOS: WWW.TARQUINIA-CERVETERI.IT
WWW.CERVETERI.BENICULTURALI.IT

Die Landschaft hat etwas Surreales. Zwischen Pinien und Zypressen ragen kreisrunde Hügel auf, als hätte die Erde Ausschlag. Manche sind nur so groß wie eine Rundhütte, andere haben einen Durchmesser von mehr als dreißig Metern. Die Wände sind in den braungelben Tuffstein geschlagen oder aus Tuffstein aufgemauert. Hier und da gähnt ein schwarzes Loch in einem der Hügel. Steintreppen führen in die Häuser der Toten hinab. Tausende solcher Etrusker-Gräber liegen um das Städtchen Cerveteri 40 Kilometer westlich von Rom in der Landschaft verstreut. Manche sind noch nicht entdeckt, andere haben Grabräuber geplündert, wieder andere wur-

den von Archäologen erforscht und für das Publikum geöffnet. Allein die Nekropole »Banditaccia«, die die Unesco zum Weltkulturerbe zählt, ist 400 Hektar groß. Nur zehn Hektar können besichtigt werden, doch das genügt, um tiefen Eindruck zu hinterlassen. Die Treppen führen in Gräber, die wie Häuser gestaltet sind, mit Zimmern, Nischen und Scheingewölben. Pilaster und Kapitelle sind aus dem Tuff gehauen, in manchen Tumuli sind sogar noch die Wandmalereien erhalten.

Die mystische Atmosphäre dieses Ortes hat zur Begeisterung für die Etrusker beigetragen. Wenig blieb von ihren Städten für die Lebenden, da Wohnhäuser, Paläste und Tempel fast ganz aus Holz gebaut wurden. Umso mehr ist von ihren steinernen Totenstädten erhalten, die sich in ganz Mittelitalien finden, doch kaum je so beeindruckend wie in Cerveteri. Die Fundstücke aus der Banditaccia – Vasen, Skulpturen, Schmuck, Werkzeuge und Waffen – schmücken Museen in aller Welt, etwa das Etruskermuseum der Villa Giulia in Rom (s. Kapitel 37), den Pariser Louvre oder das British Museum in London.

Cerveteri, in der Antike Caere genannt, war eine der mächtigsten Städte der Etrusker. In ihrer Blütezeit, zwischen dem 7. und 5. Jahrhundert vor Christus, lebten 100 000 Menschen hier. In der Nekropole Banditaccia finden sich Gräber aus allen etruskischen Epochen, vom IX. bis zum III. Jahrhundert vor Christus, als die Etrusker im römischen Reich aufgingen. Der englische Schriftsteller D. H. Lawrence schrieb in seinem 1932 erschienen Reisetagebuch *Etruskische Stätten* über Banditaccia: »An diesem versunkenen Ort lag eine Ruhe und eine Sanftheit in der Luft, und das Gefühl, dass es der Seele guttat, hier zu sein.« Daran hat sich nichts geändert.

64

Der heilige Berg

Von den Hügeln Roms aus ist bei klarem Wetter im Norden der Stadt eine seltsame Silhouette zu sehen: Wie ein schlummernder Drache reckt sich der blaugrün schimmernde, gezackte Kamm des Monte Soratte aus der Tiber-Ebene. Der einsame Kalkberg inmitten vulkanischer Landschaften zog die Menschen schon früh an. Einst huldigten hier die Sabiner und Etrusker ihren Göttern. Dann verehrten die Römer auf dem Soratte den Sonnengott Apollo Soranus. Dessen Priester konnten, wie Vergil in seiner *Aeneis* schreibt, »mitten durchs Feuer fest auf glühenden Kohlen« gehen. Später zogen sich christliche Eremiten auf den steilen Kamm zurück. Außerdem

WANDERROUTEN AM MONTE SORATTE
WWW.PARKS.IT/RISERVA.
MONTE.SORATTE

INFORMATIONEN ZUR BESICHTIGUNG
DER BUNKER UNTER:
WWW.BUNKERSORATTE.IT

hat der Soratte die Geschichte Roms und der katholischen Kirche entscheidend geprägt.

Erst einmal gilt es, den 691 Meter hohen, langgestreckten Berg zu erklimmen. Vom Ort Sant'Oreste, ungefähr 45 Kilometer nördlich von Rom, gehen verschiedene Wanderwege aus. In rund einer Stunde ist der Gipfel erreicht. Der Ausblick ist großartig. Er umfasst Kraterseen, Vulkanberge, das Tal des Tibers und den Apennin.

Hier oben steht ein uraltes, aus Naturstein gemauertes Kirchlein, die Chiesa San Silvestro Papa. Der Legende nach zog sich Papst Silvester I. im vierten Jahrhundert wegen der Christenverfolgung in Rom auf den Soratte

zurück. Doch dann wütete unten in der Stadt die Lepra. Auch Kaiser Konstantin steckte sich an. Da erschienen ihm im Traum die Apostel Petrus und Paulus. Sie versprachen ihm, alle Kranken zu heilen, wenn er den Papst vom Berg zurückhole. Gesagt, getan. Zum Dank für das Wunder machte der Kaiser dem Papst und all seinen Nachfolgern ein Geschenk: Rom (s. Kapitel 40). Die Kirche legte später eine angeblich vom Kaiser stammende Urkunde vor, die die Konstantinische Schenkung beweisen und den Herrschaftsanspruch der Päpste untermauern sollte. Sie wurde im 15. Jahrhundert als Fälschung entlarvt.

Das alles mag einem durch den

Sinn gehen, während man sich den Berg erwandert und die Überreste mehrerer Eremitagen entdeckt. Doch der Soratte birgt noch ein anderes Geheimnis: Benito Mussolini ließ ab 1937 ein vier Kilometer langes Bunkersystem in den Berg graben. Im Zweiten Weltkrieg richteten dann die deutschen Truppen in dem Bunker ein Hauptquartier ein. Feldmarschall Albert Kesselring soll dort Gold und andere Schätze, die der Banca d'Italia und den römischen Juden gehört hatten, versteckt haben. Ein Teil der Bunkerstadt kann an wenigen Tagen im Jahr von Sant'Oreste aus besichtigt werden. Der Schatz aber wurde bis heute nicht gefunden.

65

COTRAL-BUS VON ROMA ANAGNINA (METRO-LINIE A) BIS FROSINONE;
VON DORT MIT DEM TAXI CA. 12 KILOMETER. EINFACHER MIT DEM (MIET-)AUTO
ÜBER DIE A1 BIS AUSFAHRT ANAGNI/FIUGGI, WEITER ÜBER FERENTINO.

Im Gefängnis des Engelspapstes

CASTELLO DI FUMONE
VIA UMBERTO I 27
WWW.CASTELLODIFUMONE.IT
TGL. 10-13 UND 15-18 (SOMMER 20) UHR

TIPPS

HERZHAFTE LANDKÜCHE BIETET
DIE TAVERNA DEL BARONE IN FUMONE:
WWW.RISTORANTELATAVERNADEL
BARONE.COM

MIT DEM AUTO LÄSST SICH VON FUMONE
AUS IN CA. 45 MINUTEN DIE ZISTERZIEN-
SER-ABTEI CASAMARI ERREICHEN.
INFOS: WWW.ABBAZIADICASAMARI.IT

Benedikt XVI. war der erste Papst, der abdankte. Der erste seit 719 Jahren. Damals gab es schon einmal einen Pontifex, der auf das Petrusamt verzichtete. Doch während Benedikt XVI. danach als »Papa emeritus« im Vatikan weiterleben konnte, ereilte seinen unglücklichen Vorgänger ein grausames Schicksal. Coelestin V. wurde als Greis in der Festung Fumone eingekerkert, wo er an den Folgen der harten Haft starb.

Fumone heute ist eines dieser malerischen Dörfer Latiums, die weltvergessen auf ihren Hügelkuppen in einsam-heroischen Landschaften thronen. Graubraune, ineinander verschachtelte Häuser aus unverputztem

Stein gürten sich um die Burg, die auf der Spitze des Kegelberges liegt. Das aussichtsreiche Kastell am Rand der Abruzzen diente seit der Antike dazu, das 80 Kilometer entfernte Rom durch Rauchzeichen vor Feinden zu warnen. »Fumo« heißt im Italienischen Rauch, daher bekam der Ort seinen Namen.

Die Eigentümer der Burg, die Markgrafen Longhi, haben ihr Domizil für Besucher geöffnet. Das tausend Jahre alte Kastell enthält Kurioses und Schauriges wie einen Brunnen, in den frühere Burgherren junge Frauen zu werfen pflegten, die – dem angeblichen jus primae noctis zum Trotz – nicht mehr jungfräulich waren. In einem Glas-Sarg liegt, gekleidet wie eine Puppe, ein kleiner Markgraf, der im Alter von fünf Jahren von seinen sieben Schwestern vergiftet worden sein soll. Und irgendwo in den kalten Wänden ist wohl der Gegenpapst Gregor VIII. eingemauert, der hier im Mittelalter in Kerkerhaft starb.

Am meisten Eindruck macht die Zelle Coelestins V., ein winziger, düsterer Winkel aus nacktem Stein, eingeklemmt zwischen einem Turm und einer Mauer. Hier darbte Coelestin neun Monate lang in Kälte und Dunkelheit, bevor er am 19. Mai 1296 starb. Spätere Behauptungen, seine Gegner hätten ihm einen Nagel durch den Kopf geschlagen, lassen sich nicht beweisen.

Die Kirche ließ den tragischen Ex-Papst bald nach seinem Tod heilig sprechen. Manchen Zeitgenossen galt er als der lang erwartete »Engelspapst«, der das Zeitalter des Heiligen Geistes einleite.

Pietro Angelari, wie dieser fromme Mann ursprünglich hieß, wurde um 1210 herum in eine arme Bauernfamilie hineingeboren. Er ging als Junge in ein Kloster und zog sich später als Einsiedler in eine Höhle des Monte Morrone über der Abruzzenstadt Sulmona zurück. Fortan nannte er sich Pietro di Morrone. Bald wurden dem Eremiten Wunder nachgesagt. Andere fromme Männer siedelten sich in umliegenden Höhlen an. Pietro gründete eine Gemeinschaft, aus der später der Cölestiner-Orden wurde.

Weniger fromm ging es in Rom zu. Die Familien der Colonna und Orsini stritten sich nach dem Tod von Nikolaus IV., wer den neuen Papst stellen durfte. Mehr als zwei Jahre lang blieb das Petrusamt vakant. Schließlich einigten sich die Kardinäle auf einen Kompromisskandidaten: den Frommen vom Berge Morrone. Entsetzt versuchte der alte Mann zu fliehen, doch am Ende ließ er sich überreden, Papst zu werden. Aus Pietro di Morrone wurde Coelestin V.

Der bescheidene Greis war mit der Aufgabe, die Kirche zu leiten, überfordert. Den Intrigen der Kurie war er nicht gewachsen. So dankte er im Dezember 1294 ab, um in seine Berge zurückzukehren. Sein Nachfolger Bonifaz VIII. aber fürchtete, Coelestin könnte zum Gegenpapst werden. Daher ließ er den alten Mann in Fumone einsperren. Nach seinem Tod wurde er von Ordensbrüdern in der Kirche Santa Maria di Collemaggio in L'Aquila beigesetzt.

Am 6. April 2009 wurden die Abruzzen von einem Erdbeben heimgesucht. Die Kirche in L'Aquila stürzte ein. Der gläserne Reliquienschrein Coelestins V. aber wurde unversehrt in den Trümmern gefunden. Ein Jahr später, zum 800. Geburtstag Coelestins, reiste Papst Benedikt XVI. an dessen Grab und pries seinen Vorgänger. Coelestin sei zeitlos in seinem Ringen um die ewig aktuellen Fragen: »Wer bin ich? Woher komme ich? Warum lebe ich?«

66

MIT DEM ZUG VON ROMA TERMINI BIS LATINA; VON DORT MIT DEM TAXI CA. 10 MINUTEN BIS NINFA. MIT DEM (MIET-) AUTO AUF DER SS 148 BIS ABZWEIGUNG BORGO BAINSIZZA, WEITER BIS NINFA.

Der Garten der Najaden

Die Weltliteratur enthält viele Geheimnisse. Eines von ihnen ist die Frage, nach welchem Vorbild der italienische Schriftsteller Giorgio Bassani die Gärten der Finzi-Contini in seinem gleichnamigen Hauptwerk beschrieben hat. In dem Roman ist der Park im oberitalienischen Ferrara angesiedelt, doch dort ist keine Spur von ihm zu finden. Daher wird vermutet, dass sich Bassani von Ninfa inspirieren ließ, einem magischen Ort gut 70 Kilometer südlich von Rom, den der Schriftsteller gut kannte. Hier, am Rand der Pontinischen Ebene, zu Füßen der Lepinischen Berge, liegt ein Ruinengarten, der selbst eingefleischte Prosaiker zu Romantikern werden lässt.

GIARDINI DI NINFA
VIA PROVINCIALE NINFINA 68
04 012 CISTERNA DI LATINA
INFORMATIONEN ZU DEN BESUCHSZEITEN:
WWW.FONDAZIONECAETANI.ORG/
VISITA_NINFA.PHP
EINTRITT: 12 EURO;
KINDER UNTER 11 JAHRE: FREI

TIPPS

DIE URALTEN ORTE NORMA UND SERMONETA MIT MITTELALTERLICHEM STADTBILD LIEGEN IN SCHÖNER LANDSCHAFT UND SIND SEHENSWERT. DIE ABTEI VON FOSSANOVA IM ZISTERZIENSER-STIL IST EIN ARCHITEKTONISCHES JUWEL.

Kristallklare Bäche gurgeln zwischen verfallenen Häusern hindurch, Rosen überranken die Reste der Stadtmauern, Birken schillern im südlichen Licht, während in anderen Ecken Bananen wuchern oder Lavendel, Thymian und Rosmarin zwischen Felsen duften. Im Frühjahr überziehen japanische Zierbäume, Blauregen, Kamelien, Clematis und Lilien den Garten mit einem Rausch an Farbtupfern, der impressionistische Meisterwerke in den Schatten stellt. »Dieses entzückende Nympha ist das reizendste Märchen der Geschichte und Natur, das ich irgend in der Welt gesehen habe«, schrieb der deutsche Historiker Gregorovius in seinem 1856 erstmals publizierten, noch heute lesenswerten Buch *Wanderjahre in Italien*. Seitdem ist Ninfa wohl noch schöner geworden.

Schon der Ursprungsmythos ist sagenhaft. Einst sollen Najaden hier gelebt haben, jene Nymphen der griechischen Mythologie, die über Quellen und Bäche wachen. Die alten Römer errichteten ihnen deswegen ein Tempelchen. Ninfa war zu ihrer Zeit ein kleiner Bauernort, der sich später, im Hochmittelalter, zu einer florierenden Stadt entwickelte, mit Schloss, Burg, Turm, Rathaus, Kirchen und vielen Häusern. 1159 wurde ein Papst, Alexander III., hier geweiht. Ein Nachfolger, Bonifaz VIII. aus dem Haus Caetani, sorgte dann dafür, dass einer seiner Neffen Ninfa kaufen konnte.

1382 brach ein furchtbares Unglück über Ninfa herein, dessen Folgen heute seinen Zauber ausmachen: Es wurde geplündert und zerstört. Die Bewohner zogen weg. Zurück blieb eine Geisterstadt, die von der Natur erobert wurde. Jahrhunderte später versuchten Pflanzenfreunde aus der Familie Caetani, einen botanischen Garten anzulegen, was auch deswegen scheiterte, weil die Gegend von der Malaria verseucht war. Erst Anfang des 20. Jahrhunderts hatten die Caetanis Erfolg. Sie legten Sümpfe trocken, befreiten die Ruinen von der Vegetation, ließen einige Bauten restaurieren, pflanzten Bäume, Büsche und Rosen.

1977 starb Lelia Caetani, die letzte ihrer Dynastie. Sie vermachte Ninfa einer Stiftung. Heute ist der acht Hektar große Garten als Naturmonument eingestuft. Auch die umliegende Gegend ist geschützt. Strenge Besuchsregeln sorgen dafür, dass diese besondere Symbiose aus Natur und Kultur erhalten bleibt. Noch heute gilt, was Gregorovius schrieb: »Der Wanderer, der hier umhergeht, ruft die Geister herbei und glaubt sich umschwärmt von Wassernixen und Feen.«

BILDNACHWEIS

3 Wo die Sünde süß ist (Moriondo e Gariglio), Foto: Getty Images, München

12 Ode an die Artischocke (Römische Artischocken-Rezepte), Foto: Tra dolce ed amaro, Ariane Wirth-Piller, Rom

15 Mitten im Fluss (Tiberinsel), Foto: Jens Mangelsen, Darmstadt

19 La Grande Bellezza (Bar San Calisto), Foto: Gari Wyn Williams, mauritius images, Mittenwald

22 Über den Dächern (Rooftop Bar Atlante Star), Foto: Ilpo Musto, mauritius images, Mittenwald

24 Steine des Anstoßes (Sanpietrini), Foto: Davide Cherubini, Rom

37 Das Lächeln der Etrusker (Museo Villa Giulia), Foto: Frank Smout Images, Grimbergen

43 China Town, Foto: David Jefferys, High Wycombe

45 Bei der kleinen Bäckerin (Ristorante Romolo – Palazzo Barberini). Galleria Nazionale d'Arte Antica, Rom

49 Tief im Tuff (Katakombe Santa Priscilla), Foto: Pontifical Commission for Sacred Archaeology, Rom

53 Marmor, Stein und Eisen (Centrale Montemartini), Foto: Roberto Coletta, Rom

61 Straße der Täuschung (Via Piccolomini), Foto: Giampiero Ranieri, San Giovanni in Marignano

62 Am Strand von Santa Severa, Foto: Pasquale Della Capa, Rom

63 In den Hügeln der Toten (Cerveteri), Foto: Mikael Korhonen, Turku

64 Der heilige Berg (Monte Soratte), Foto: riccard*, Rom

65 Im Gefängnis des Engelspapstes (Fumone), Foto: Fabio de Paolis, Rom

Alle weiteren Fotos stammen von Stefan Ulrich, München.

REGISTER